TINUS! TINUS!

Bas Steman

TINUS! TINUS!

Van anorexia tot goud

Een hommage

STRENGHOLT

Bas Steman/ Tinus! Tinus!
Van anorexia tot goud. Een hommage.

Steman, B.
Naarden: Strengholt
ISBN 90 5860 167 6
NUR 491
Trefwoord: wielrennen, biografie

Redactie: Veerman & Meijwaard, Huizen
Omslagontwerp: Karel van Laar, Bilthoven
Foto cover: ANP-foto Den Haag
Foto auteur achterzijde: C. Oortwijn
Foto's binnenwerk: Herman Harens, Frank Lodder, Rudie Ottens,
Peter Schoonen, Bas Steman, Cor Vos
DTP: Looney2, Hilversum

Voor Ariane en Jip

Anorexia nervosa is een geestesziekte met veel dodelijke slachtoffers.
Sommigen genezen, slechts een enkeling weet de ziekte te overwinnen.

Voorwoord

Winter was het. Eind jaren tachtig. De beroepsrenners reden hun rondjes op de wielerbaan van Ahoy in Rotterdam. De wedstrijden voor de jongeren waren verreden en ik zat uit te hijgen op de tribune. Ze stond ineens achter me. We keken elkaar heel even aan. Ik herkende haar van foto's en mijn lippen krulden ietsjes omhoog. Ook op haar gezicht verscheen een aarzelend lachje, voordat ze van me wegkeek.
'Dat is die Van Moorsel, dat wordt later een hele grote!' voorspelde een gedempte stem naast me.
Zijn verwachting komt uit.
Leontien Zijlaard-van Moorsel is misschien wel de beste renster ter wereld. Nog nooit in de geschiedenis wist een renner op een en dezelfde Olympische Spelen zo veel medailles te winnen.
Toch gaat dit boek niet over wielrennen, noch over het goud.
Wat me het meest in haar aanspreekt, is de overwinning die ze behaalde op zichzelf, op de eetstoornis, de waanzin waaraan ze leed. Door te laten zien dat het mogelijk is om een nieuw leven op te bouwen na anorexia nervosa, is ze een van meest inspirerende sportvrouwen van onze tijd.
Vooral mijn bewondering voor haar doorzettingsvermogen heeft me aangezet tot het maken van een film en het schrijven van dit boek over haar.

Bas Steman,
Apeldoorn, mei 2002

Hoofdstuk 1

'Ik was wereldkampioen en won de Tour de France, maar ik was het ongelukkigste meisje ter wereld.' Met een ferme beweging schuift ze haar bord naar de rand van de tafel. Een stukje brood en twee vruchtenpitten zijn de overblijfselen van haar lunch.

Het is januari 2000. We zitten in de tuin van ons hotel in Sydney. Haar woorden daveren door mijn hoofd.

Mijn gedachten wijken acht jaar terug in de tijd, naar de laatste dag van de Tour de France voor vrouwen. Ik zie de jonge Leontien, een andere Leontien. Ze reed tot vlak langs de beeldbuis, mijn ogen raakten haar aan. Getergd, krachtig dansend, heersend reed ze daar. Ze droeg de gele leiderstrui en had in het algemeen klassement negen tellen voorsprong op haar rivale Jeannie Longo.

De Française en de Brabantse waren aan elkaar gewaagd. In de jaren ervoor was niemand in staat Longo te volgen. Leontien had haar niveau zo weten te verbeteren dat ze Longo kon laten lijden. In de bergritten ervoor had ze haar rivale gepijnigd.

Samen begonnen ze aan de laatste klim van de Ronde. De eerste kilometers van de klim naar het beroemde skidorp Alpe d'Huez zijn steil. Longo zocht de aanval. Leontien beet zich vast en wist als enige bij te blijven.

© Herman Harens

Aangemoedigd door haar familie is Leontien op weg naar haar tweede zege in de Tour Féminin (1993).

De zon had de helling veranderd in een bakoven. Oppermachtig, in een strijdvaardig ritme, maalden de dunne beentjes van Leontien rond. Longo leed.
Vanuit de berm scandeerden mensen haar naam: 'Leontien! Leontien! Hup Leontien!'
Fans uit haar geboortedorp Boekel waren met een bus naar Frankrijk afgereisd en stonden nu met spandoeken hun heldin aan te moedigen. 'Hup Leontien!'
Eenmaal voorgoed uit de greep van de andere rensters begon het spel om de eindzege pas echt. Met nog een paar kilometer te gaan stonden ze bijna stil. Door middel van een surplace wilde de één de ander dwingen op kop te gaan rijden. Uiteindelijk gingen ze schouder aan schouder de laatste bocht door.
Toen Leontien haar billen uit het zadel hief, kon je pas echt goed zien hoe mager ze was.
Haar directe tegenstander dreef Leontien bijna de hekken in, maar zij liet zich niet afsnijden. Leontien kwam langszij en op de meet versloeg ze Longo met een halve meter.
Doodongelukkig won ze als eerste Nederlandse vrouw deze loodzware etappewedstrijd.

Het is moeilijk voor te stellen hoe het is om diep ongelukkig te zegevieren. Het winnen van grootse wielerwedstrijden lijkt een weg naar gelukzaligheid. Waarom bepaalde dan juist ongeluk haar leven?
'Ziek was ik, echt ziek in mijn hoofd,' zegt ze zonder dat ik iets heb gevraagd. Dan kijkt ze van me weg. Ze wil nu niet herinnerd worden aan die tijd.
Mijn hoofd geeft een begrijpend knikje. De camera stopt.
Ons eerste gesprek dat we voor de film hebben opgenomen, stokt en de geluiden van exotische vogels die naar de achtergrond waren verdrongen, klinken weer helder door de ruimte. Misschien hebben we nog uren zo gezeten. Ik weet het niet.
Geduld moet ik hebben. Het verhaal van Leontien Zijlaard-van Moorsel zal zich voor mij in de loop van dit jaar ontvouwen.

'Zullen we naar binnengaan?' vraagt Michael Zijlaard nippend van een blikje fris: 'Ik geloof dat Gladys het avondeten al op tafel heeft staan.' De eigenares van het hotel serveert altijd stipt op tijd haar maaltijden.
Cameraman Buis – die eigenlijk Paul heet, maar vanwege zijn lange, dunne verschijning vanaf de eerste ontmoeting door Michael en Leontien tl-buis wordt genoemd – en ik volgen Michael en Leontien de

eetzaal in. Onmiddellijk controleert de wielrenster het eten. Ze merkt het waarschijnlijk zelf niet eens. 't Is een automatisme, vliegensvlug tasten haar ogen de uitgestalde etenswaar af. Ik verdenk haar ervan dat ze precies weet uit welke voedingsstoffen haar avondeten is opgebouwd. Zoveel procent koolhydraten, zoveel eiwitten en zoveel vet.
'Ziet er best goed uit, hè Mike?'
Toch schept ze aarzelend op.
'Wat gaan we morgen doen, Zijltje?' vraagt ze innemend.
'Hmmm, laten we maar eens een stukkie gaan rijden, richting dat park... kijken of het echt zo zwaar is.'
'Ja, die heuvels, dat is helemaal niets, ik kan de baan wel vergeten.'
De glimlach op haar gezicht gaat onder. Onzekerheid steekt op.
'Straks met de Olympische Spelen zitten we toch ook hier, in dit hotel? Nou, hoe moet dat dan? Als ik hier moet trainen, met al die heuvels, dan ben ik mijn snelheid zo kwijt... dan heb ik hier op de baan niets te zoeken, toch.'
Michael kauwt bedachtzaam op de zwaardvis die hem is voorgescholeld. Hij kent de onzekerheid van zijn vrouw als geen ander.
'We vinden er wel iets op, misschien dat we vlak voor de Spelen pas hierheen vliegen, kan je gelijk de baan op, zoiets...'
'Ja, en de jetlag dan?'
'We zien wel, Ties, we gaan zo eerst maar eens slapen. De Spelen zijn nog ver weg. Morgen gaan we eerst maar eens trainen. Om zes uur, halfzeven weg, oké?'
Michael en Leontien gaan naar hun kamer. Ik kijk hen na en ga bij cameraman Buis zitten op de veranda. 'Dat ze zo ongelukkig was...' murmelt hij langs een pijpje bier. 'En dat het zo gegaan is...'
'En zo terugkomt,' voeg ik toe.
We drinken het staartje bier uit de fles en zwijgen.

De volgende ochtend word ik gewekt door het zuigende geluid van een fietspomp. Michael is bezig in de hal van het hotel. Hij prepareert de fiets van Leontien en die van zichzelf. Het is het enige geluid dat tot mijn kamertje doordringt. In het schemerduister vind ik mijn horloge... 'Kwart over vijf.'
Ik hijs me in mijn wieleroutfit en sluip de trap af naar Michael.
'Zo, lekker vroeg, man!'
'We zijn al een poosje wakker, zijn nog niet gewend hoor, aan de Australische tijd... Tinus zit al te eten... we gaan zo.'

Een halfuur later rijden we onwennig links van de weg. Michael en ik voorop, Leontien volgt. Ze is weinig spraakzaam.

Haar aandacht ligt bij de weg. Ze speurt als een wild dier om zich heen, niet wetend vanuit welke richting auto's kunnen toeslaan.

Het is al behoorlijk warm aan het worden, wanneer we Sydney achter ons laten en beginnen aan de lange klim naar West End.
Leontien is gefocust. Geconcentreerd maalt ze haar versnelling rond. Haar ademhaling is vrij rustig, haar spieren zijn niet gezwollen. Haar motor draait warm.
Naast ons ligt een schitterende baai. Helder blauw water, waarop witte jachten dobberen.
'Moet je nagaan, in Nederland is het nu rotweer, maar acht graden of zo én miezerig!' lacht Michael.
We naderen West End. Asfalt zoekt de hemel. Leontien licht haar lichaam uit het zadel en stampt krachtig omhoog.
Michael en ik proberen haar voorbeeld te volgen, maar waar zij nog machtig op de pedalen staat, dwingt de klim ons alweer plaats te nemen in het zadel. We kunnen net aanpikken.

Sydney is ontwaakt, maar in de buitenwijk Oxford Falls blijft het rustig. We rijden terug naar het hotel.
In januari is het zomer in New South Wales. De zon is fel en stookt de temperatuur eenvoudig op tot ver boven de dertig graden. Wil je trainen, dan moet je bij de eerste streep daglicht vertrekken.
Michael en Leontien Zijlaard-van Moorsel zijn negen maanden voor de Olympische Spelen in Sydney naar Australië vertrokken om zich zo goed mogelijk voor te bereiden op wat de bekroning moet worden op Leontiens wielercarrière. Toeval mag geen kans krijgen.
De komende week moet duidelijk worden hoe lang ze erover doet om te herstellen van een jetlag en hoe de trainingsfaciliteiten zijn. Nog belangrijker misschien is dat ze nu de kans heeft het parcours te verkennen van de onderdelen waarop ze zal starten: de olympische wegwedstrijd, de tijdrit en de achtervolging op de baan. Olympisch goud is de enige medaille die ze nog niet heeft gewonnen. Waar liggen haar kansen?

De eerste ontmoeting met Down Under viel zwaar. Michael zag meer dan wie ook op tegen de lange vlucht. Als hij met de auto van Nederland naar Australië had kunnen rijden, had hij voor die mogelijkheid gekozen. Van een dokter had hij naar eigen zeggen de meest meedogenloze slaappillen gekregen, die hem vanaf Amsterdam tot aan Singapore knock-out zouden houden. Maar boven het Midden-Oosten lag Leontien heerlijk te slapen met haar hoofd op zijn schoot en zat Michael met wijdopen ogen te staren naar de monitor waarop je kon

zien hoelang het nog vliegen is naar Singapore. Zijn vingers speelden teder met de haren van zijn vrouw.
Eenmaal in Sydney bleken twee tassen nog in Singapore te staan, waaronder de tas met alle wielerkleding van Leontien. Paniek.
'Hoe moet dat nu, dan? Nou kan ik helemaal niet trainen...'
Michael vond een geruststellend antwoord.
'Die kleren komen wel, en na zo'n zware vlucht is het helemaal niet erg, een extra dagje rust.'
Ze was er niet zeker van. 'Anders kopen we hier morgen gelijk nieuwe kleren, of laat een koerier maar komen uit Rotterdam. Als ik mijn fietsschoenen maar terugkrijg... Straks is alles weg.'
Michael belde onmiddellijk met de reisagent in Nederland. 'De fietskleren van Leontien zijn er niet, en één fiets is hier beschadigd aangekomen.'
Bij Singapore Airlines was iedereen in rep en roer. De boodschap was niet helemaal helder overgekomen. De luchtvaartmaatschappij had begrepen dat zij de fiets van een kanshebber op olympisch goud hadden laten verdwijnen. Nadat de reisagent in Nederland de paniek had gesust, kwam een dag later dan gepland, vergezeld van talrijke excuses, de kleding aan bij ons hotel: de Australian Tennis Academy in Oxford Falls.

Het is tien uur in de morgen. Zweet stroomt langs haar gezicht. De kilometerteller staat op 98.8 km. We hebben er iets minder dan drie uur en twintig minuten over gedaan.
Leontien zet haar fiets tegen de muur van het hotel en zoekt een plekje onder een parasol.
'Wat is het heet, hè?' zegt ze. 'Poe... dat klimmetje viel niet mee, misschien is dat wel goed voor de wegwedstrijd, je kan hier nog wel goed trainen om een beetje meer kracht en uithoudingsvermogen te krijgen, maar hoe ik me hier moet voorbereiden op de baan... ik zou het niet weten...'
Opnieuw die twijfel. Hoe is het toch mogelijk? Alles heeft ze meegemaakt, alles gewonnen, maar het gevecht met de twijfel moet ze iedere keer weer opnieuw aangaan.
'Misschien kunnen we hier een brommer huren, en ergens op een vlak stuk weg tempo's gaan trainen, om toch een beetje snelheid in de benen te krijgen,' suggereert Michael.
'Ik weet het niet hoor... het is hier echt hartstikke mooi, maar toch niet ideaal.'
Die middag gaan we naar het centrum van Sydney. De havenstad is bekend om haar stranden en zeeaquarium. De taxi brengt ons tot diep

in de stad. Moderne hoge gebouwen flankeren de grote baai met daarover de Harbour Bridge.
We willen graag naar het aquarium, waar immense haaien zouden zijn. In zee zwemmen ziet Michael daarom niet zitten, maar veilig achter glas wil hij hun uitdrukkingsloze bekken graag eens zien.
We nemen de boot naar de overkant en varen langs het beroemde Opera House. De wielrenster heeft er maar kort oog voor. Ze gaat voorop de boot op een bankje zitten en warmt zich aan de zon.
Even later geeft ze aan eigenlijk geen zin meer te hebben in een bezoek aan een aquarium. Ze wil liever ergens wat gaan drinken, niet meer zo veel lopen. Dat zou niet goed zijn voor fietsbenen.
In Manly gaan we van boord. Geen aquarium, geen stadswandeling. Cola light.

De volgende ochtend regent het. Het luie stof dat de afgelopen dagen door warme wind was aangedragen, spoelt weg. Het hotel in Oxford Falls hult zich in een gordijn van water.
Af en toe klinkt een schreeuw van een bluebird. De meeste vogels houden zich angstvallig schuil onder de bladeren. De velden van de Australian Tennis Academy zijn verlaten.
Michael is al buiten op de veranda. Zorgvuldig plaatst hij het achterwiel van Leontiens fiets in twee klemmen van de rollerbank. Nadat hij heeft gecontroleerd of zijn geliefde veilig kan fietsen op de opklapbare hometrainer ploft hij op het bankje naast de deur.
Een paar minuten later maakt Leontien haar entree. Ze is gekleed in een tijdrittenue, op haar hoofd een zonnebril.
'Zo, wat is dit?' vraagt ze, doelend op de regen. Ze lacht en is goedgehumeurd.
'Ja, lekker, hè? Zomer, Australië!' antwoordt Michael glimlachend.
Ze neemt naast hem plaats en drukt zonder hem daarbij aan te kijken haar walkman in zijn handen.

Dan stapt ze op de hometrainer. Michael en ik zijn blij dat we vandaag niet hoeven te fietsen. De dagelijkse trainingen met Leontien zijn zwaar. Tevreden kijken we toe hoe zij zich in het zweet rijdt.
Michael moet haar fiets nog wel een keer verplaatsen. Uiteindelijk staat de hometrainer precies voor een raam. Leontien kijkt graag naar zichzelf als ze fietst. Ze is ijdel, fietsen is mooi. Hardfietsen, afzien en lijden zijn schoonheid in een heel pure vorm.
Na een paar minuten heeft ze zich weer van ons afgesloten en maken we niet langer deel uit van haar bestaan.
Twee uur lang blijft ze haast in hetzelfde ritme pedaleren. Ze is haar

benen, haar hart. De lucht in haar longen. Ze is training. Ze laaft zich aan de pijn die daarbij hoort.

Die middag ontmoeten we Ray Godkin. Hij is verantwoordelijk voor de organisatie van de olympische wielerwedstrijden. Leontien is zichtbaar gespannen, maar toch praat ze in enthousiast schoolengels met de Australiër.Voor het eerst zal ze de wegen betreden die haar hopelijk naar olympisch goud zullen leiden.
Michael vergezelt haar, als altijd. Hij frunnikt ietwat onhandig aan een klein videocameraatje. Dopje eraf, schermpje open klappen, scherp stellen. Het is allemaal onwennig.
Samen met Ray Godkin, Michael en Leontien gaan we naar Centennial Park, waar de finishlijn is getrokken. Het parcours loopt dwars door de stad heen.

Michael filmt. Hij heeft zich voorgenomen om iedere bocht, iedere klim of stoeptegel vast te leggen. Thuis in Rotterdam zullen ze de beelden van het parcours ontelbare keren kunnen afdraaien. Iedere seconde die je wint door efficiënt sturen of schakelen is in een tijdrit doorslaggevend.

Godkin stuurt geroutineerd tussen het verkeer door. 'Hier ga je links af, dan hier weer links... eh... na 300 meter rechts...'
Leontien zit voorin. Ze praat niet meer zoveel. Michael schuift naar het puntje van de bank, en hangt tussen de twee voorstoelen in.
'Hier kan je wel op een grote versnelling rijden, hoor Tinus...'
'Ja, maar ik weet niet of ik dat elke ronde kan. Het is best wel steil, hoor...'
Godkin draait weer aan het stuur. Links, rechts, links.
Na een verwarrende rondrit nemen we hartje stad weer afscheid van elkaar.
'Tot morgen bij de wielerbaan, vergeet je pedalen niet mee te nemen!' roept Godkin zwaaiend.
Leontien en Michael nemen plaats achter in de auto waarmee we zijn gekomen. Ze laat zich op de achterbank vallen. 'Wat een kutparcours!!'
'Ja, het is inderdaad niet misselijk...'
'Nou, ik weet het niet hoor Zijl, maar eh... dit is tien keer niks, al die bochten... ik ga toch heel veel op de baan gooien, Zijl...'
'Het komt ook omdat we de hele tijd moesten draaien en keren, dan lijkt het misschien...'
'Het is een kutparcours!'

's Avonds in het hotel wordt er vroeg gegeten. Leontien wil naar bed. Michael volgt haar.
Buis en ik kijken nog even naar de bomen en de verlaten tennisvelden. We merken niet eens dat de zon is ondergegaan.
'Tot morgen, Buis.'
Leontien slaapt in de kamer naast me. Ik lig op bed en leun tegen de slaap. Uit de kamer naast me klinken gedempte stemmen. Ze belt naar haar ouders in het Brabantse Boekel. Zij zijn een vaste waarde in haar leven.
'Mama, het parcours is niets voor mij, dertig bochten in dertig kilometer...'
In gedachten hoor ik haar moeders stem.
'Ja, maar meske, ge hebt 't toch altijd gekund... in Valkenburg, in Italië, ge moet op oe eigen vertrouwen, Ties.'
'Ja, maar nu is het echt niet drie keer niks, ik zou het liefst aan ons pap vragen om hierheen te komen om al die bochten eruit te graven.'
'Ja...'
'Ik ga dit jaar alleen maar rondjes rond de kerk rijden... om bochten te leren... niks internationaal programma!'
'Wij hebben er alle vertrouwen in, als ge dat maar weet.'

In de tuin van de Tennis Academy zitten drie heren en een jonge vrouw. Het zijn Nederlandse journalisten. Een van hen heeft zijn dochter bij zich. Sommigen van hen wonen een jaar in Australië om verslag te doen van iedere landgenoot die naar de Spelen gaat. Ze hebben gehoord dat een van de kanshebsters op het goud in Sydney verblijft. Hun geduld wordt beproefd.
Leontien en Michael zitten rustig te genieten van de lunch die Gladys, de eigenares van het hotel, heeft bereid. Op speciaal verzoek heeft ze een vruchtensalade, stukjes kip en vers brood geserveerd.
Na een halfuur komen Michael en Leontien naar buiten. Er worden handen geschud en men lacht vriendelijk om elkaars grappen. Na een paar minuten verandert de toon.
'Het parcours valt je tegen, zeg je. Betekent dat, dat je kansen op goud weg zijn?' vraagt één van de journalisten.
Leontien weet Michael naast zich. Heel even kijken ze elkaar aan.
'De tijdrit zal erg moeilijk voor me worden. Ik moet het hebben van mijn absolute kracht en snelheid. Ik moet de grote molen kunnen trappen. Zoals vorig jaar in Italië, dat ging super. Hier zitten dertig bochten in dertig kilometer. Ik ben van nature geen held in de bochten.
Ik kan zo een seconde per bocht verliezen. Dat is dertig seconden, dat is veel.'

'Te veel?'
'Veel, misschien wel te veel. Ik begrijp niet dat de organisatie zo'n parcours heeft uitgezet. Het heeft volgens mij niet veel met tijdrijden te maken.'
'Je dekt eventuele tegenvallende prestaties nu al in, maak je je zorgen?'
'Indekken? Het is gewoon geen ideaal parcours voor me. Dat wil niet zeggen dat ik geen kansen meer heb, hoor.'
Haar antwoorden zijn haast emotieloos. Haar ervaringen met de media hebben haar alert gemaakt. Ze komt enthousiast over, maar ze houdt afstand.
'Maak je je zorgen?'
'Een beetje. Willen jullie nog een foto?'
Verveeld loopt ze naar een houten bruggetje en ondergaat ze de verplichting.
'Hier, neem je fiets mee!' roept de fotograaf. Hij hurkt voor haar en richt zijn camera: 'Een beetje lachen!'
Dan zie ik wat ik nog vaker zal zien en wat ik de Leontien-lach noem. Het is een lach waar geen plezier achter zit. Ze heeft dit soort poses te vaak moeten aannemen. De spontaniteit hield lang geleden op. Ze trekt haar wangen iets op, ontbloot haar tanden. Haar ogen doen niet mee.

Een dag later gaan we vijf uur trainen. Michael en Leontien staan op me te wachten voor het hotel. De hemel wordt gezuiverd en is haast wolkeloos. De ochtend belooft een hete dag.
Gedrieën rijden we de stad uit. We zijn al gewend aan het links op de weg rijden en we kennen de route. Cameraman Buis gaat niet mee, hij verkiest het strand boven de benauwde cabine van een volgauto.
Sydney kent overweldigende baaien, met goudgele verlaten stranden. Om ons heen is alleen nog maar groen. Langs de weg staat een bord dat ons waarschuwt voor overstekende kangoeroes en walibi's.
Leontien geeft het tempo aan. Ik lees de spiertekeningen op haar benen. Hoeveel kilometer zou zij al hebben weggetrapt?
Op een grote versnelling dendert ze de heuvels op. Ik hoor haar ademhaling, als een tegenritme van de mijne. Michael bijt zich vast in onze wielen.
De steile klim duurt langer dan ik heb ingeschat. Mijn voorwiel haakt aan bij het achterwiel van de renster. Zij geeft niet af, ze stampt, gaat even zitten, schakelt terug en zet weer hard aan. Ze lijkt immuun voor pijn.

Ik herinner me een typische regenachtige dag in Nederland. Het zal in het voorjaar geweest zijn. Michael en Leontien woonden nog in hun hoekwoning in Rotterdam en ik zou met haar en haar Nieuw-Zeelandse ploegmaatje Bianca gaan trainen. We vertrokken vroeg. Leontien leidde ons de stad uit naar het vlakke Zuid-Hollandse landschap van vaarten en kanalen.

Aanvankelijk hield ze een vriendelijk tempo aan, maar na een halfuur meldde ze dat er enkele tempo's gedaan dienden te worden. Tegelijk koos ze een grotere versnelling en begonnen haar benen krachtiger, maar in een lager tempo, te malen. Ze snelde vooruit. Bianca en ik zochten beschutting in de luchtledigheid van haar verplaatsing. Precies twaalf minuten later richtte ze zich op en keek ze ontspannen over haar schouder. Na tien minuten boog ze zich weer over haar stuur en zette ze opnieuw aan om twaalf minuten later weer in te houden. Ze herhaalde dit zes keer.

Bianca en ik verlangden steeds meer naar de stad, naar het huis met de warme douche. Leontien kwam op stoom. De regen viel soms met bakken uit de lucht. Steeds vaker keek ze angstvallig omhoog, maar ze weerstond de verleiding om Michael te bellen om ons op te komen halen. Ze wilde trainen.

Na honderd kilometer naderden we Rotterdam. Ik wilde al bijna de stad insturen, toen Leontien zei dat ze nog even een rondje tijdrittraining wilde doen op de dijk. Van vrije wil was geen sprake, we volgden. We konden steeds minder vaak de kop overnemen.

Uiteindelijk deed Leontien al het werk. Ze beukte tegen de wind in. Ze verdrong de pijn van de vermoeidheid. Het genot van op eigen kracht hard vooruitkomen was groter.

Op een vlakker gedeelte komt Michael naast me rijden. De weg voor ons is verlaten, op een klein zwart stipje na. Soms wordt ze door de glooiing van het land even aan ons zicht onttrokken. Michael is opgewekt: 'Ze is er weer, hoor! Ze is zo kotsziek van dat wegparcours hier... als ze zich ergens druk over maakt, gaat ze alleen maar harder trainen, harder rijden. Moet je kijken! Dat is Tinus, hè.'

Precies vijf uur en bijna honderdveertig kilometer later zijn we terug in Oxford Falls. Leontien zet voldaan haar helm af. 'Zo, heerlijk, zeg! Vooral dat laatste stuk naar die baai reden we lekker door.'

Michael en ik kijken elkaar aan. Hij trekt zijn wenkbrauwen op en puft vermoeid: 'Ja, Tinus, het laatste stuk ging inderdaad lekker.'

We worden opgewacht door Jan Leenaars. Een Nederlander die hier in Sydney woont en een beetje bijschnabbelt door Nederlandse olympische sporters wegwijs te maken in deze stad.

Hij brengt ons naar het Dunc Gray Velodrome. Het is bloedheet,

meer dan veertig graden Celsius. Misschien is het daarom wel, dat er niet wordt gesproken.
Vanaf de parkeerplaats lijkt het velodroom op een zojuist gelande vliegende schotel. Een in het felle zonlicht bijna verblindende zilveren schijf in het groen. In het spoor van Leontien, Michael, Jan en cameraman Buis begeef ik me in de catacomben van het wielerstadion. Een steile trap leidt naar het middenterrein van de houten wielerbaan.
De ontmoeting met het snelle hout is beladen. Na de tegenvaller over het wegparcours wil ze haar pijlen richten op de onderdelen op de baan. Maar of haar missie hier zal slagen?
De Zijlaards zijn er niet gerust op. De laatste vertoning op een houten wielerbaan was ronduit teleurstellend. Op het WK in Berlijn in oktober 1999 had Leontien de wereld graag willen laten zien ook op de baan weer helemaal terug te zijn op het hoogste niveau, door een medaille te winnen. Toen het moest gaan gebeuren was haar lichaam krachteloos. Ze was geestelijk uitgeput.
Enkele weken eerder was ze nog wereldkampioen tijdrijden geworden in het Italiaanse Treviso. Daarna was de tank leeg. De leeuwin die in haar hart verborgen gaat, was moe en kon zich niet meer opladen voor een inspannende jacht. De omschakeling van het krachtig rijden op de weg naar het soepele pedaleren op een wielerbaan verliep stroef.
In plaats van op het podium, kwam Leontien niet verder dan een twaalfde plaats. Als troost wist ze zich nog net geplaatst voor de Olympische Spelen in Sydney. De erfenis van Berlijn is twijfel.

Leontiens ogen fonkelen, als van een roofdier dat haar prooi bespiedt. Haar blik is alleen maar gericht op de bochten. Zijn die niet te steil?
Ze heeft me verteld een angsthaas te zijn. Ondanks al haar ervaring is voor haar het rijden op een wielerovaal nog altijd een opgave. Vooral aan steile bochten heeft ze een hekel.
Nogmaals scant haar blik de baan, dan breekt haar harde masker. Een lachje. Ze zoekt oogcontact met Michael. Zou hij het ook gezien hebben?
'Dit is een goed baantje,' mompelt ze. 'Ja...'
Na de tegenvallende confrontatie met het wegparcours rond Centennial Park gloort er weer hoop. Het is een ideale baan voor haar. De bochten zijn niet steil, zodat Leontien de hele ronde flink door kan blijven trappen. Deze baan lijkt haar op het lijf geschreven. De Zijlaardjes weten het. Hier zou het kunnen gaan gebeuren.
Ray Godkin is er ook. De wielerofficial merkt niets van de 'baancheck'. Hij speelt met zijn fototoestel en wil foto's maken van Leontien. Een stille bewonderaar.

Van een Australische renster wordt een fiets geleend. Michael klimt op een klein brommertje en stuurt de baan in. Blindelings vindt hij Leontien. Ze rijdt achter hem aan. Michael is een geroutineerde baanrenner geweest en weet als geen ander de ideale lijn te vinden. Leontien vertrouwt hem. Met hem is ze veilig.

Behalve over de wielerbaan, zijn Michael en Leontien ook te spreken over de leenfiets waarop ze mocht rijden. Voor de achtervolging op de baan is een speciale aërodynamische fiets nodig. De Australiërs doen al jaren onderzoek naar het ideale frame. Op de drie kilometer achtervolging zou dit frame twee seconden sneller zijn.
In een kamertje onder in de wielerbaan trekt Michael zich terug met de ontwikkelaar van het Bicycle Technology-frame. Een carbon kader uit één stuk, licht en sterk en het meest aërodynamische dat er te krijgen is. De vloeiende lijnen zijn oogstrelend. Binnen tien minuten is de koop gesloten. Michael wil het beste voor zijn vrouw, alleen dat is voor Leontien goed genoeg.

Opgelucht rijden we de stad in. 'Ergens wat drinken, en een ijssie eten!' roept Leontien. 'Ze hebben hier ijs zonder vet!'
Sydney kookt. Wie niet op straat hoeft te zijn, zit bewegingsloos bij de airco. Het leven gaat traag. We vinden een Italiaanse broodjeszaak waar ze heerlijke espresso en cappuccino verkopen.
Er is duidelijk een last van haar schouders. Er wordt gelachen. Leontien slaat haar arm om Michael heen, trekt hem naar zich toe en drukt haar lippen op zijn wang. Ze straalt en vertedert als een klein meisje dat zojuist een cadeautje heeft uitgepakt waar ze erg blij mee is. Ze heeft haar haar samengebonden in een eigenwijze staart. Haar lippen zijn fel rood gestift. Ze voelt zich goed.
'Gaan we zo een ijssie halen, Zijl?'
We staan op, leggen enkele Australische dollars in een plastic bakje op de toonbank. Sydney voelt als een sauna. Onmiddellijk breekt het zweet je uit.
'Kom, Buissie, we gaan zo even naar dat grote winkelcentrum daar. Kan jij ons erheen brengen, Jan?' roept Leontien vrolijk.
Even later dartelt ze naar een ijskar. Euforisch doet ze haar bestelling: 'One giant chocolate ice cream, without fat!'
In dezelfde adem licht ze haar keuze toe: 'D'r zit geen vet en room in, dat hebben ze vervangen door iets anders... dat is minder calorieën.'
De ijscoman overhandigt haar voorzichtig een hoorn chocolade-ijs. Leontien hapt gretig toe, maar trekt een vies gezicht. 'Nee, deze bedoel ik niet... Bassie, hier, wil jij een ijssie?'

In de haven ligt de Batavia, een zeventiende-eeuws Hollands schip. Het is bedoeld als attractie tijdens de Spelen en ligt nu al hier als opwarmertje voor het publiek. We poseren bij de vaderlandse trots voor een fotootje.
Dan sleurt Leontien Michael een kledingwinkel in. Direct vindt ze de kledingrekken aan de zijkant van de chique winkel. Michael wacht geduldig af. Hij kent haar en weet dat zijn Tinus naast het fietsen eigenlijk maar één hobby heeft en dat is winkelen.
Buis, Jan en ik slenteren verder. Na een paar minuten lopen we terug. Leontien zal haar keuze wel hebben gemaakt, toch?
Bij het binnengaan van de winkel staan Michael en Leontien nog steeds bij het kledingrek.
'Deze shirts zijn leuk, man!' roept ze. 'Doen we er zo'n cap bij!'
'Ja, maar ik hoef helemaal niet zo'n shirt en cap.'
'Zijl, doe niet zo flauw, dit is toch hartstikke leuk? Wanneer wil je dit dan kopen?'
'Ja, ze zijn wel mooi.'
Leontien pakt enkele shirts en twee caps uit het rek en legt ze op de toonbank.
'Zijlaard, betalen!'
'Wat? Moet ik betalen?' vraagt Michael.
'Ja, natuurlijk!'
Ze lacht en omhelst haar man. Het is háár dag geworden. Vol vertrouwen ondergaat ze de havenstad.
'Ik ga veel op de baan gooien... alleen moeten we nog iets bedenken voor dat trainen, die heuvels gaan echt niet samen met de baan. En na de baan moet ik weer omschakelen naar de weg... pff.'

De oplossing komt de volgende dag.
Buis en ik hebben onze koffers gepakt. Wij vliegen terug naar het winterse Nederland. Jan Leenaars zal ons naar het vliegveld brengen. Michael en Tinus blijven nog een week langer.
Terwijl ik met hulp van Michael mijn racefiets in een speciale fietshoes probeer te schuiven, komt Jan bij ons staan.
'Ik heb eens nagedacht, maar eh... Er is hier een weg een paar kilometer vandaan en die is lang en redelijk vlak. Ik kan voor deze week ook nog wel een brommertje regelen, dan zou Tinus daarachter perfect kunnen trainen.'
'Goh, Jan, dat zou tof zijn!' antwoordt Michael.
'Ja, en tijdens de Spelen zou ik die brommer ook wel kunnen lenen, vermoed ik. Dan zou ze zich misschien nog wat beter kunnen voorbereiden voor de baanwedstrijden.'

'Heel tof van je, Jan, maar Leontien moet er toch aan geloven, ze zal tegen die tijd toch echt met andere renners in de baan moeten durven rijden. Ik bedoel, trainen voor een baanwedstrijd doe je op de baan en niet in een park. Gelukkig hebben we nog een maand of acht!' lacht Michael.
'En de wegwedstrijd dan?' vraag ik.
'Ach, we zien wel, we gaan veel oefenen op bochten. Het is niet ideaal, maar wat doe je er aan? Toch? Ze gaan hier voor ons echt geen ander parcours zoeken, hoor!'
Leontien komt aangelopen. Korte rok, getinte huid en een stralende lach.
'Het zal wel heel stil worden nu jullie naar huis gaan!' zucht ze. 'Vooral Mike zal wel moeten wennen, hè, manneke?'
De Zijlaardjes slaan een arm om elkaar heen. We nemen afscheid en stappen bij Jan in de wagen. 'Kom op, gasten, het is nog een uurtje rijden naar het vliegveld!'
'Dag, wel thuis!' roept Leontien. 'Goede reis!'
'Ja, tot over een paar weken... Mallorca!'
'Oh ja, tot in Mallorca!'
Jan geeft gas. We laten de rustieke Tennis Academy achter ons. Ik draai het raampje open en steek mijn arm naar buiten. Michael en Leontien zwaaien ons na.
Eenmaal weg uit Oxford Falls, vallen mijn ogen even dicht. In gedachten zie ik Leontien. Ik hoor haar ademhaling versnellen. Ze danst voor me. Ik bijt me vast in het ritme van haar benen. Het is het enige wat ik zie. Nooit geweten dat afzien zo gracieus kon zijn.

Hoofdstuk 2

Ondanks de felle voorjaarszon is het fris als ik op een doordeweekse dag Boekel inrijd. Het Brabantse dorp lijkt verlaten. Iedereen is aan het werk. De varkensboeren en champignontelers hebben zich teruggetrokken op hun erven.

In het beeld dat ik van het katholieke dorp heb, horen de burgemeester en de pastoor. Ook zij ontbreken. De straten zijn leeg, maar bieden volop ruimte aan herinneringen die niet van mij kunnen zijn. Door een bril van tijdloosheid probeer ik te zien hoe Leontien hier aan de hand van haar ouders door de straten liep, speelde, terugkwam uit school, leerde fietsen, kampioen werd, onderuitging, verdwaasde, weer probeerde op te krabbelen en uiteindelijk uitvloog naar Rotterdam, waar ze nu woont. Waar ze zich ook bevindt, dit blijft haar dorp, haar oorsprong. Hier werd ze gevierd, en hier biggelden de tranen van haar onmacht en verdriet. Ze is met iedere steen verbonden. Leontien komt hier nooit meer vandaan.

Het is even zoeken, maar dankzij de aanwijzingen van Michael, vind ik het ouderlijk huis van Leontien aan de Schutboom. Een modern huis met oude stijlelementen, een riante tuin, een garage. Het ligt aan een boerenweg. Bomen en weilanden bepalen het uitzicht van de Van Moorsels. Een groot bedrijf in bouwmaterialen aan de zijkant van het huis verstoort de landelijke sfeer.

Ik parkeer mijn auto in de berm en loop het erf op. De keuze tussen aanbellen of gelijk achterom lopen hoef ik niet te maken. Harry van Moorsel – Leontiens vader – is in de tuin aan het rommelen. Hij steekt zijn hand op en stuurt me zijn groet, vergezeld van een hemelsbrede lach.

'Kom binnen, de koffie zal onderhand wel klaar staan.' Harry gaat ons voor het huis in.

'Martha, bezoek!'

Even later zitten Harry en ik aan de eettafel. De geur van vers gezette koffie dringt door tot in de kamer. Martha zet de kopjes op tafel en schenkt in.

'Heerlijk,' zucht ik.

De kamer is ingericht rond de televisie. Een beige lederen bank, een paar stoelen en een tafel. Overal is Leontien. In elke nis vind ik een trofee, een herinnering aan een of andere wedstrijd die ze heeft gewonnen. Aan de muur hangt een familiefoto.

'Dat zijn we allemaal,' zegt Harry. 'We hebben vijf kinderen, Karin, Wilma, Jacqueline, Jan en Leontien. We noemen ze haast nooit zo, hoor. Nee, Kaat, Willem, Sjak, Janus en Tinus… ja, en Martha en ik, zei de gek.'
'Onze Tinus is er eigenlijk mee begonnen. Ze wilde graag op een jongen lijken. Ze had korte haren en ze begon zichzelf ineens Tinus te noemen.'
Geen anderen zouden Leontiens ouders kunnen zijn. De gelijkende ogen, de neus, dezelfde getinte huid. Wiens benen zou ze hebben? Die van haar moeder? Martha loopt de keuken in om de koffiekan te halen. Ze draagt een rok, alleen haar kuiten kan ik zien. Ze is klein en gedrongen, maar heeft korte, krachtige benen. 't Zou kunnen.
Harry veegt een traan uit zijn ooghoek. 'Ja, ik heb weer een tikkie gehad,' verontschuldigt hij zich. 'Ik huil niet hoor, mijn oog traant gewoon. De dokter had gezegd dat ik nu maar eens rustig aan moest doen, mijn hart is niet best, weet je. Maar die dokter heeft makkelijk praten. Waar haal ik de tijd vandaan om rustig aan te doen? Ik ben nu bezig met het huis van een van onze dochters, vloeren leggen, plafonds eruit, ja, dat moet af, die hebben een klein manneke…'
Zijn melancholieke ogen zoeken het raam aan de zijkant van het huis. Het liefst zou hij ijzer met handen breken.
Martha schenkt bij. 'Het is te hopen dat we meekunnen naar Sydney, dat de dokter het goed vindt.'
'Ik zou van de week voor controle moeten, maar ik ben daar niet heen geweest, niet vergeten of zo, maar afgezegd… Ik denk wel dat het goed komt. Ik voel me goed, dus, ik denk wel dat we naar Sydney gaan… Maar het is govverdomme wel een eind vliegen, hoor. Zo lang in dat vliegtuig, misschien dat ik maar een ladder meeneem, kan ik onderweg een keer uitstappen, sjonge…'
Zijn gezicht is prachtig. Het leven heeft zich verweven met iedere vezel. Iedere lijn, iedere oogopslag, zijn volle, pruilende lippen maken hem tot de persoon Harry van Moorsel. Zijn hart is groot, iedereen die goed doet, vindt er een huis.

Ze zijn er altijd bij. Ze slaan geen wielerwedstrijd over. Altijd zijn ze er voor hun dochter. Zelf hebben ze nooit gesport. Martha komt van de boerderij en Harry was opgeleid tot monteur. Jarenlang hebben ze een bedrijf gehad in bouwmaterialen.
Martha kijkt uit het raam. 'Daar staat het… het is niet meer van ons, hoor. We moesten het wegdoen… helaas.'
Harry buigt zijn hoofd. Zijn werkhanden spelen met een zilveren lepeltje dat op tafel lag.

'Ja.'

'Ja, het was hard werken. We hadden vijfenveertig man personeel en we hadden klanten uit de hele regio. We verkochten van alles... De hele dag werken en dan 's avonds nog uren bellen, van alles regelen. We gingen bijna niet op vakantie en we vonden te weinig tijd voor de kinderen,' zegt Martha. Ze kijkt naar haar man. Hij voelt haar ogen.

Leontien me vertelde het me, niet lang geleden in Sydney. We waren er om het parcours te verkennen. Het was warm en loom weer en ze sprak over de goedhartigheid van haar ouders: 'Die mensen hebben altijd keihard gewerkt. Maar op een gegeven moment ging het mis, mijn vader lag in het ziekenhuis, mijn broer Jan moest ook naar het ziekenhuis, mijn moederke had problemen met de nieren. Er was niemand die echt goed op het bedrijf kon letten.

Mensen hebben er misbruik van gemaakt, van de goeierds. Dan was mijn vader achter in de zaak bezig en dan zei hij tegen bepaalde boeren dat ze zelf wel cement mochten pakken. Dan hadden ze tien zakken in de wagen liggen, maar dan rekenden ze er maar acht of negen af, dat soort dingen. Er is toen, begin jaren tachtig zo veel gebeurd.

Ze zijn geflikt, bedonderd gewoon. Aannemers van wie ze nog bakken geld moesten krijgen, gingen massaal op de fles. Mijn ouders konden naar hun centen fluiten. De bank wilde ineens geld zien... Het zijn zulke goeie mensen, en doorzetters, misschien heb ik het daar wel van.

Nadat de zaak weg was, heeft mijn moedertje het nog geprobeerd. Vanuit de schuur begon ze opnieuw een handeltje in bouwmaterialen. Stond ze daar met die zakken cement en gips. Ze hebben zo moeten knokken die twee, als ze dat niet gedaan hadden, zat ik nu niet voor je.

Dan was ik toen al gestopt met fietsen, er was bijna geen geld voor om ons te laten fietsen, maar zij schraapten het bijeen. Mijn ouders stonden stijf van de stress. Bevend nam ons pap de telefoon aan. Niet normaal, hoor. De dokter heeft toen gezegd dat ze moesten stoppen, omdat hij de verantwoording niet wilde nemen als ze op een dag dood achter de deur zouden liggen... ja, als mijn vadertje zich staat te scheren, dan ziet hij het bedrijf vanuit de badkamer. Elke dag. Dat doet hun pijn, hoor.'

Leontien was zichtbaar ontroerd. In haar ogen ving ik dezelfde gloed als bij haar ouders. De innerlijke kracht van de Van Moorsels lichtte even op.

'We hebben nog geluk gehad, hoor,' zegt Martha dankbaar. 'Van een autobedrijf hier in 't dorp, Ad Verstege, konden we een autootje krijgen. Daarmee hebben we een paar jaar voor bijna niets naar de wed-

strijden kunnen rijden. Anders was het afgelopen geweest. We hadden het ook wel nodig... het wielrennen werd ook onze hobby, onze afleiding. Door al het gedoe en verdriet met de zaak, al die stress, vonden we afleiding in het wielrennen. De goede prestaties van Leontien trokken ons er een beetje doorheen. Het maakte ons leven toch nog een beetje goed.'
'We worden elke week nog wel een keer gebeld, door mensen die denken dat we de zaak nog hebben... niet te geloven, het is al meer dan vijftien jaar geleden... iedere week,' mompelt Harry.
Ik vraag me af of Leontien dat als tiener heeft beseft. Zou ze daarom zo ver zijn gegaan in haar prestatiedrang? Was zij het meisje dat alles goed zou maken? Ik vraag het niet.
'Dat hebben we ook tegen onze andere kinderen gezegd,' vervolgt Harry. 'Ze begrepen dat heel goed. Niemand kwam iets te kort, hoor. We geven om alle kinderen net zo veel, maar we wilden gewoon geen wielerwedstrijd missen. Trouwens, de andere kinderen gingen zelf ook wel mee kijken.'

Martha loopt de hal in. Ze murmelt onverstaanbaar. Mijn gedachten worden gelost en gaan op eigen kracht verder. Ik stel me Harry voor, jonger, zijn haar donkerder, maar eigenlijk al net zo kaal als nu. Hij staat voor het bedrijf dat Martha en hij hebben opgebouwd. Het moet verschrikkelijk voor hen zijn geweest om afstand te doen van hun levenswerk. Harry is gebroken, maar zijn vrouw en kinderen houden hem op de been. Alles wil hij opgeven, omwille van hen. Hun geluk is het zijne. Dat is de pijn. Niet het verdriet van het niet meer hebben, maar van het niet meer kunnen geven.
Martha raapt scherven. In een schuur zet ze de droom voort. Ze probeert met niets een bedrijfje te beginnen. Totdat ook haar lichaam protest aantekent. De handdoek gaat in de ring. Het is niet verstandig om het bedrijfje voort te zetten.
Jan en Leontien fietsen. Daarin vinden Harry en Martha troost. Vooral de prestaties van de kleine met het zwarte haar brengt de vreugde terug in hun leven. Door de luidsprekers schalt haar naam: 'Leontien van Moorsel gaat aan de leiding!' Dat geluid overstemt het geklaag in hun binnenste.
'Hup Tinus!' roept Harry met overslaande stem. Zijn vrouw herhaalt de woorden. De betekenis van de aanmoediging draagt verder dan de straat en de dranghekken en impliceert ook een ondersteuning voor hen zelf. 'Hup Harry! Hup Martha! Zet 'm op! Volhouden!'
'Ja, onze Jan is begonnen met fietsen,' zegt Harry. 'Zijn motoriek was niet zo goed en hij moest gaan sporten van de dokter. Nou ja, dat werd

dus fietsen. In die periode waren we nog ongelooflijk druk met de zaak, maar we gingen zo vaak mogelijk mee. Of hij reed mee met anderen van de club. De kleine Tinus ging dan mee. Ze was nog veel te klein om thuis te blijven... Och ja, waar is de tijd toch gebleven? Dat gaat snel, hoor, als ge kinderen hebt. Maar die Leontien vond dat maar niks, dat stilzitten, hè.'
'Van wie zou ze dat hebben?'
'Jahaa! Van wie zou ze dat hebben! Nou, ik kan dat ook niet, hè, stilzitten. Ik moet altijd wat om handen hebben. Maar ja, dus na een jaar ging ze dus ook fietsen, ze was een jaar of acht. Op het ouwe fietsje van Jan, bij die club uit Helmond, eh... Buitenlust. Dat was lachen, hoor. God, ja, die kleine, op dat fietsje, ze vond het eigenlijk gelijk al prachtig!'

Martha komt de kamer in met onder haar arm een stapel papier en boeken geklemd. 'Dit zijn de plakboeken van onze Leontien. Moeten we zo maar eens in bladeren. Dan zult ge zien wat ze allemaal wel niet gereden heeft, hoe het is gegaan allemaal.'
Harry zet zijn leesbrilletje op zijn neus en neemt een exemplaar van de stapel. 'Och ja, da's toch mooi. Moet je die foto zien. Dat was in 1986 of zo. Een lekkere toet had ze toen, hè?'
Hij laat zijn gedachten even varen, maar dan hervat hij het gesprek.
'Jan en Tinus gingen wel vaak samen trainen, hoor. Dan gingen ze naar Erp, daar was dan de training. Het kostte onze Jan best veel moeite om zijn zusje eraf te rijden, ja, ze beet zich gewoon vast in zijn wiel. Bij de wedstrijden reed ze ook tegen de jongens, hè. Er waren niet zo veel meisjes bij de jeugd, dus alles reed gewoon samen. Het ging altijd tussen haar en Danny Nelissen. Je weet wel, die is later prof geworden en hij werd ook wereldkampioen in Colombia. Die twee reden altijd voorop, ja, dat was een schitterende tijd, ja, Leontien vond het geweldig om een prijsje te winnen, zo'n bekertje, daar deed ze het voor, hè.'
'Ja, het was wel duidelijk, ze had talent, maar in het begin gaf ze er niet eens zo veel om, hoor,' vertelt Martha. 'Het ging haar vooral om de gezelligheid, de sfeer van het jeugdwielrennen, allemaal samen, zo'n dag.'
Harry gniffelt: 'Ik weet nog dat ze terugkwamen van een training, Jan en Tinus, ze reden in volle sprint hier het erf op om maar als eerste thuis te zijn... ze konden nooit meer remmen natuurlijk. Tinus knalde zo tegen de garage op... moest ze drie weken plat!'
Het jeugdwielrennen aan het begin van de jaren tachtig was populair. Geïnspireerd door de grote successen van de Nederlandse professio-

nals in grote wedstrijden als de Ronde van Vlaanderen, Parijs-Roubaix en de Ronde van Frankrijk, ontstond er een wielerhausse. Veel jonge rennertjes droomden van een carrière. Ze zagen zichzelf al vooroprijden in de grote koersen en hun namen al in de kranten staan.
Voor Leontien ging het aanvankelijk alleen maar om het plezier. Tot haar veertiende trainde ze maar twee keer per week. Sport was nog spel. Langzamerhand werd haar prestatiedrang groter. Ze wist dat ze wedstrijden kon gaan winnen. De magische extase van het als eerste passeren van de finishlijn gaf haar een kick. Vooral als ze kon winnen van de jongens.
Al moest ze tot op haar tandvlees gaan, ze zette altijd door, want ze wilde per se vooraan rijden. Haar doorzettingsvermogen was een rechtstreeks product van hoe ze het thuis zag, haar ouders hadden ook altijd doorgezet. Opgeven was zelden een optie.
'Het zal, het moet en het kan,' zo luidt de leus van de Van Moorsels.

Harry staat moeizaam op en gebaart me hem te volgen. 'Och, ik heb nog spierpijn in mijn rug van dat sjouwen, die vloer, hè.'
Hij beent weg, naar buiten. Hij opent de garage en doet het licht aan. 'Moet je kijken,' zegt hij geheimzinnig alsof hij me een schatkamer binnenleidt. Aan de wand hangt een houten prijzenkast, met daarop in gulden letters geschreven 'Leontien 1978 tot…'.
'Dit zijn de prijzen die ze gewonnen heeft bij de jeugd, het zijn ze lang niet allemaal hoor, maar de meeste wel. Zelf geeft ze hier geen donder om, maar ik heb ze bewaard. Ik denk dat ze er later over een paar jaar wel blij mee is, als ze zelf kinderen heeft.'
Harry pakt een klein zilverkleurig bekertje uit de kast. 'Dit was één van de eerste prijsjes die ze won… Ken jij lezen wat er staat?'
Ik buig voorover, maar de kleine gegraveerde lettertjes zijn niet meer te ontcijferen. Het blik dat voor zilver moet doorgaan is te erg verweerd.
'Ja, het is een prachttijd geweest, ik weet nog hoe ze voor het eerst nationaal kampioen werd. Ze reed als vijftienjarige al vaker met de zestien en zeventien jaar oude meiden mee. Ze won best vaak. Dus wij gingen naar Friesland voor het NK. Dat was in 1985 in Warns.
Dat was wel zo prachtig mooi. Het stormde, het regende, het woei, en toen reed ze dus iedereen naar huis toe, prachtig. Dat was het allereerste begin en eigenlijk hebben we tot aan 1993 geen troubles meer gehad. Het was altijd winnen, winnen, en nog eens winnen!'
Hij kijkt me diep in de ogen. Wetend dat hij nu een onderwerp heeft aangesneden, dat een ander licht zal werpen op de glorieuze tijd waarover hij spreekt.
'Hier staat het fietsje van haar, hierop werd ze dus voor het eerst

© Herman Harens

Leontien heeft zo veel kampioenstruien gewonnen dat ze de tel kwijt is. In 1987 werd ze Nederlands kampioen op de weg in Steenwijk.

Nederlands kampioen, geloof ik.'
Een lichtblauw fietsje, een afgesleten zadel, maar met wielen die nog altijd glimmen. Harry en Martha zijn de trouwste supporters van hun dochter. Het Nederlands kampioenschap in 1987 werd in Steenwijk gehouden. De nieuwelingen-dames-categorie waarin Leontien uitkwam, moest al heel vroeg op de zaterdagochtend starten. Het publiek zou pas later komen. Het winderige parcours lag er verlaten bij. Twee mensen keken vanuit de leegte naar de verrichtingen van hun dochter. Ze zagen haar voor de derde keer op rij de kampioenstrui winnen

'Kom, we gaan naar binnen. Ik doe het licht uit.'
Leontien won veel wedstrijden. Vrijwel niemand kon de kleine, volslanke Boekelse in de sprint verslaan. Ook de premiesprints onderweg werden door haar gewonnen. De tientjes die ze ermee won, gingen meestal op aan lippenstift, oorbellen en opvallende kettinkjes. Wielrennen kreeg een steeds belangrijkere rol in haar leven.
'Naar school gaan vond ze maar niks!' zegt Harry. Hij maakt een wegwerpgebaar.
'Ze wilde alleen maar fietsen. Het werd ook serieuzer, natuurlijk. Ze moest nu echt trainen om bij de nieuwelingen-dames te kunnen presteren. Ze haalde steeds met de hakken over de sloot de volgende klas, maar daarmee was het wel op. Op de huishoudschool of lhno werden ze knettergek van haar. Ze zat altijd te donderjagen en te kletsen. En na school stapte ze meteen op de fiets. Trainen! Dat deed ze het liefst. Da's nog zo hoor! Met het allergrootste plezier klimt ze iedere dag nog op de fiets.
Ze hebben haar nog een keer alleen gezet, in een klein hokje, toen haalde ze best goede cijfers. Uiteindelijk is ze op haar vijftiende of zestiende maar van school afgegaan. Had ze alle tijd. Fietsen, fietsen en nog eens fietsen!'
'Ze had toen wel een baantje, hoor. Bij de Albert Heijn. Ze wilde niet achter de kassa zitten, dat gedoe met al dat wisselgeld. Ze ging werken als serveerster in het bedrijfsrestaurant,' vertelt Martha met zachte stem.
'Jahaa,' lacht Harry. 'Maar als ze niet kon, omdat ze moest koersen, of moest trainen, ging Martha in haar plaats naar de supermarkt, nam ze het over!'
'Ze noemden haar toen de "Joekel van Boekel"!' zegt Martha. 'Ze won van alles. Ook grote koersen begon ze te winnen. Toen ze naar de damescategorie ging, kwam ze in een sponsorploeg, Treslong. De ploegleider was Egbert van 't Oever.'
Het kleine, bijna kabouterachtige mannetje ontfermde zich over de

mollige Leontien. Hij zag de klasse in haar en hij wilde haar beschermen tegen al te grote ambities.

Leontien had al een hele supportersschare opgebouwd. Ik herinner me een spandoek: 'Tinus is met haar dikke reet wel als eerst aan de meet!'

Martha graait in een grote sporttas naar de kampioenstruien van hun dochter.

'Hier, de Nederlands kampioenstrui van 1989, efkes kijken of er nog een medailleke in zit.'

Ze vist in een van de achterzakjes op het shirt. 'Kijk, deze leeft nog.'

Martha houdt een lintje op met daaraan een gouden blinkertje.

'Ze bewaart lang niet alles, die tante van ons. Ze geeft haar prijzen zo weg, ze heeft wel eens goud gehaald op een groot kampioenschap ver weg. Die prijs hebben we nooit gezien, want ze had de medaille al weggeven aan één van de verzorgers of de mecanicien, of zo. Laatst werd haar WK-medaille ontdekt in een carnavalsoptocht, degene aan wie ze de medaille had gegeven liep ermee om de nek.'

Harry bekijkt de wereld door zijn leesbril. Hij is afgedaald naar het verleden. Traag slaat hij de pagina's van de plakboeken om. Iedere foto brengt in hem een dierbare herinnering boven.

'Hier in 1988, het Nederlands kampioenschap... wordt ze tweede, achter haar rivale Monique Knol. Daardoor werd ze geselecteerd voor de nationale selectie, toen kwam ze bij Hoekstra, die coach, toen begon het, ja, toen sloop het er geleidelijk in. Niet door hem, hoor. Tinus kon zelf geen maat houden. Ze is veel te ver gegaan, ja.'

De plakboeken verhalen over de ambitieuze Leontien die zich schaart onder de vleugels van een evenzo ambitieuze ploegleider, Piet Hoekstra. Waar ze bij de Treslong-ploeg nog werd beschermd en bemoederd, voerde Hoekstra een totaal andere politiek. Hij wilde dat zijn meiden mee zouden kunnen draaien met de internationale vrouwentop. Er zou keihard getraind moeten worden en de meiden zouden zich moeten harden in de grootste en zwaarste wedstrijden.

'Dat was ook wat Leontien wilde, hoor,' zegt Harry. 'Ze wilde eruit halen wat erin zat. Hoekstra pakte het professioneel aan. Hij was wel een keiharde, dat wel. Als die meiden een beetje achter in de groep zaten te klooien, dan kon je hem horen roepen. "Trappen moet je verdomme!"'

Een glimlach, dan een slok koffie. Ik herinner me de verhalen over Hoekstra. De Fries zei dat hij zijn pupillen niet langer behandelde als vrouwen, maar als wielrensters. Wielrennen was volgens hem een mannensport. Als je niet in de regen wilt rijden of bang bent voor snot op je kop, dan moet je wat anders gaan doen. Als je wielrenster wilt

worden, moet je kunnen afzien als een kerel! En als Leontien één ding goed kon, dan was het afzien. Als geen ander wist zij de signalen van haar lichaam te negeren, de pijn van de wanhopig verzuurde benen te onderdrukken.
Al heel jong wist Leontien haar lichaam ondergeschikt te maken aan haar innerlijke wil. De wil om de beste te zijn. De instelling van Hoekstra kwam nauw overeen met die van de kleine uit Boekel. Leontien wilde het wielervak graag leren. Heel gedreven werkte ze de trainingsschema's van Hoekstra af. Ze vertrouwde hem blind en de resultaten kwamen.

'Hier, 1989, de Ronde van Noorwegen, won ze de proloog en werd tiende in het eindklassement.'
Harry's vinger schuift over het papier. 'Dat was voor het eerst dat ze liet zien, dat ze ook nog een beetje kon klimmen.'
Met die opsteker begon Leontien aan het Nederlands kampioenschap op de weg in Rheden. Ze won. Gehuld in de vaderlandse driekleur toog Tinus voor het eerst naar de Tour Féminin.
'Een van onze dochters woonde toen in Frankrijk,' zegt Martha. 'Anders waren we misschien wel helemaal niet gaan kijken. Nu gingen we wel en hebben we een paar etappes gezien. Achteraf is het wel goed dat we geweest zijn. Nu wisten we waarover ze het had, als ze sprak over de bergen en zo. Ze werd éénendertigste in het eindklassement op drie kwartier van de winnares, Longo. Als we er niet bij waren geweest, hadden we dat niet begrepen, want onze Tinus reed meestal bij de eersten. Nu zagen we zelf hoe zwaar het was.'
Ze grinnikt: 'Leontien zelf was toen ook nog behoorlijk zwaar, ik denk toch wel een kilootje of zestig.'
Leontien had in die Tour afgezien als nooit tevoren. Bij de eerste de beste serieuze heuvel stroomde het zuur haar benen in, en kon ze alleen nog maar op karakter proberen aan te klampen. Ze beet zich gewoon vast in het wiel van degene die voor haar reed. Het viel haar toen voor het eerst echt op dat iedereen die voor haar reed klein, tenger, zelfs mager was. Vooral de winnares Longo was vel over been.
'Ze zijn zeker tien kilo lichter, misschien wel meer. Daar kan ik nooit tegen op. Ik zal moeten afvallen!' moet ze hebben gedacht.
Hoekstra had het ook gezegd tegen de Nederlandse wielrensters. Op de rustdag in het Franse bergdorp Les Orres, sprak hij hen aan: 'Sommigen van jullie eten verkeerd, sommigen van jullie zijn echt te zwaar.'
Het was ook de tijd dat bij de mannen de vlieggewichten het gezicht van de Tour de France bepaalden. Vederlichte klimmertjes zoals de Colombianen heersten in de bergetappes.

Hoekstra wilde Leontien begeleiden richting de Olympische Spelen van Barcelona in 1992. Om daar te kunnen vlammen, zou ze heel geleidelijk een paar kilo moeten afvallen. Leontien wist wat haar te doen stond.

'In november 1989 ging ze naar eh... Stofberg, die wielerschool in Spanje,' vertelt Harry. 'Daar ging ze trainen. Ze leerde er ook dat ze moest afvallen, dan kon ze beter de bergen op... En dat was ook waar, natuurlijk. Dat had ze zelf ook wel gemerkt. Ze lieten haar een berg oprijden, en dan later nog een keer, maar dan was er gewicht bijgebonden. Met zandzakken of zo. Nou, dat voelde je wel, dat verschil... Nou dat heeft ze zich zo in d'r geprent, ze wilde alleen nog maar afvallen, afvallen en nog eens afvallen.'
Martha en Harry kijken elkaar aan. Heel even is het stil.
Het boek ligt open op de herfst van het besproken jaar. Twee foto's van matige kwaliteit. Op de ene is Leontien aan het fietsen. Bergop in Baskenland. Ze draagt iets op haar rug. De andere foto toont haar buik, geen grammetje vet. Alleen maar spieren, vel en aders. Geen vrouwenbuik. Het resultaat van gematigd eten en erg veel trainen.
Leontien trainde het liefst met mannelijke renners mee. Die zijn sterker en daaraan kon zij zich optrekken. Samen met professionals trok ze de bergen in. Steenkapot zat ze bij de mannen in het wiel, maar ze hield vol. Soms moest bijna huilen, zo zag ze af. Maar ze wilde het zelf. Dit was haar manier om de wereldtop te bereiken. Trainen, veel trainen en nog meer trainen!
Harry veegt over zijn gezicht. 'We hebben haar opgehaald van het vliegveld... en ik dacht echt, dat is onze Tinus niet meer, ze was zo verschrikkelijk afgevallen...'
'Ja, ze was zeker negen kilo kwijt,' zucht Martha. 'Ze moest ook wel wat afvallen, maar Hoekstra wilde haar geleidelijk ieder jaar een paar kilootjes laten verliezen, maar Tinus trainde er meteen in een paar maanden negen kilo af. Ze ging erheen met ruim zestig kilo en kwam met twee en vijftig kilo terug. Op zijn advies is ze toen wel naar een dietiste gegaan. Hoekstra heeft Tinus toen ook al wel gewaarschuwd dat ze niet te ver moest gaan, maar ja... ge weet hoe het is gelopen...'

Hoofdstuk 3

Het zijn vooral Duitse gasten die hotel Taurus Park bevolken. Ouderen die overwinteren, om met de zon mee terug te reizen wanneer deze ook het noorden van het continent het voorjaar brengt. Ze slenteren langs de boulevard, drinken een in hun moedertaal besteld biertje en genieten van het uitzicht over de Middellandse Zee. Veel is er nu niet te beleven.
Voor wielrenners is het Spaanse eiland Mallorca ideaal. Het weer is in februari doorgaans goed, de wegen zijn verlaten. De ploeg van Leontien bereidt zich hier ieder jaar voor op de gure voorjaarswedstrijden in Nederland. Ze zullen een maand blijven. Elke dag staat in het teken van het wielerleven: trainen, rusten en eten.

Michael en Jaap van der Wolf, de trouwe mecanicien, zijn achter het hotel. Uit de door Jaap naar het eiland gereden bus worden de nieuwe fietsen geladen. Gitzwarte, glimmende Koga Miyata's. Heel voorzichtig worden de kostbare karretjes tegen de muur van het hotel gestald. Enkele toeristen staan zich te vergapen. Buis en ik filmen. Jaap zuigt aan zijn shaggie en plaatst de wielen zorgvuldig in de vorken.
'Zo, als het goed is, staat alles op maat, precies zoals de fietsen van vorig jaar... dus.'
De rensters zijn allemaal op hun kamer om zich om te kleden. Twee uur eerder zijn ze geland, maar Michael wil dat er vanmiddag toch al even wordt gefietst. 'Anders zijn ze zo stijf, nu kunnen de meiden even rustig de beentjes losfietsen, kunnen we morgen gelijk echt beginnen, ha, ha.'

Een uur later rijden we langs de schitterende kust van Mallorca. Er staat een stevige wind. De rensters rijden twee aan twee. Om de tien minuten laten de voorste twee zich langs de groep terugzakken om in het laatste wiel aan te sluiten.
Het is hier al lente. In Nederland miezert het, terwijl het deze week droog zou worden. Komt de hemel de belofte na? De bomen van het eiland bloeien. Lichtroze bloemetjes betoveren het landschap dat wordt bewaakt door lage, drie stenen dikke muurtjes.
Michael zit bij Jaap in de autobus. Ze rijden kort op de rensters. De kaart van het eiland ligt slordig opgevouwen op het dashboard.
'Zit die kleine niet iets te laag, Jaap?'
'Dan zetten we dat zadeltje toch zo een tikkie hoger, joh,' klinkt een

Rotterdams accent langs het shaggie.
Leontien laat zich terugzakken. De rest van de groep rijdt langzaam verder. Wat is er mis? Onmiddellijk stopt de bus. Michael stapt uit. Buis en ik volgen zijn voorbeeld. Hij legt de camera op zijn schouder en stelt scherp.
Lacherig geeft Leontien haar fiets aan Michael. 'Oprotten met die camera! Ik moet piss... plassen... En mijn zadel staat te laag.'
Ze loopt naar de rand van de weg. 'Oh, nee, dit zijn prikkelstruiken... daar ga ik niet zitten.'
Een paar meter verder vindt ze een doornvrij plekje. Ze schuift haar broek omlaag en hurkt. Alleen haar helm is nog zichtbaar tussen de struiken. Michael maakt een sissend geluid: 'Pssss, zit je lekker, Ties?' Ondertussen wrikt hij het zadel van haar fiets iets omhoog. Hooguit twee millimeter.
Terwijl Leontien naar ons toe komt lopen, wurmt ze zich in haar kleren.
'Dat lucht op!' lacht ze. 'Waar zijn de anderen?'
'Zo, meissie, ze wachten iets verderop, rijden maar!'

We stappen weer in de auto. Jaap geeft gas en neemt zijn plekje weer in achter het pelotonnetje.
'Hier leggen we de basis voor het hele jaar, ook voor Sydney,' begint Michael. 'Als je deze fase overslaat, dan heb je daar het hele jaar last van. De eerste weken zullen we vooral duurtraining doen. Lang fietsen, kilometers maken, in de winter kom je meestal wel een paar kilootjes aan en die proberen we hier kwijt te raken, het is ook weer wennen aan lang fietsen. Af en toe zullen we wel een beetje bultjes pakken, maar nog niet te veel. We willen deze week toch zeker zevenhonderd kilometer in de benen hebben, de jonkies misschien iets minder, maar de ervaren rensters zoals Leontien zullen misschien de achthonderd wel halen.'
'Waarom vier weken hier op een eiland?'
'We komen hier al jaren, dus we kennen de weg, we hoeven niet meer te zoeken naar routes, in het hotel is het eten goed en om tien uur 's avonds is het stil. Ook die bejaarden liggen dan op bed. En wat ook belangrijk is... Leontien moet zo veel mogelijk rust krijgen, dat ze lekker kan blijven trainen. In Nederland is ze altijd druk met dingetjes voor sponsoren, journalisten, eh, dat soort dingen, hier is ze op haar gemak.'
'Ja.'
'En op zo'n eiland kan ze lekker zichzelf zijn. We moeten zorgen dat ze niet alleen maar aan die Olympische Spelen loopt te denken en aan

het tijdritparcours. Daar denken wij wel aan. Direct nadat we uit Sydney terug waren, heb ik met Koga Miyata gebeld. Er moet een zo licht mogelijke fiets komen, zodat ze na iedere bocht toch weer snel op snelheid komt, en we gaan experimenteren met verschillende soorten stuurtjes, dat ze misschien toch wat makkelijker door de bochten stuurt. Hier moet zij daar niet over nadenken, ze moet hier gewoon lekker trainen.'

'Ze is toch een echt familiedier?'

'Ha, moet je mijn telefoonrekening zien! Tinus belt bijna elke dag naar huis in Boekel. Ze wil weten hoe het daar gaat en wat ze heeft meegemaakt, bespreekt ze altijd met haar ouders. Maar de ploeg is ook een soort familie voor haar, hoor... Japie is al jaren bij de ploeg, en sommige rensters rijden ook al jaren samen met haar... sinds haar comeback.'

Door de voorruit kijk ik naar een fietsende machine. Een prachtig gezicht. Iedereen hetzelfde gekleed, op dezelfde nieuwe fiets. Zelfs de schaduwen volgen één ritme.

De avond legt een donkere deken over het eiland. Iedereen is binnen. Het buffet is geopend. Grijze Duitsers verdringen elkaar bij de schalen vlees en groenten. Ze overladen hun borden met worsten en stukken rib, pomme duchesse en sauzen.

Leontien stapt de zaal binnen. Wit poloshirt, donkere joggingbroek en slippers. Ze is ontspannen.

Midden in de zaal is een tafel gereserveerd voor cycleteam Farm Frites-Hartol. Jaap en Ton, de assistent-ploegleider, zitten er al. Ze praten en lachen. Ik kan ze niet verstaan.

Leontien inspecteert het buffet. Haast prinsesselijk schrijdt ze langs de uitgestalde etenswaar. Heel beheerst schept ze haar bordje vol. Salade, pasta en een stukje kip. Langzaam beweegt ze naar de tafel. Er is een stoel vrijgehouden. Ze zit naast Michael en Sissy, een van haar beste vriendinnen.

De sfeer is bepalend in de ploeg. Als je zo vaak van huis bent, is de ploeg een tweede familie. Het moet er goed zitten, geen achterklap en vetes. Daar kan Leontien niet tegen. Ze gedijt het best in harmonie.

Ook de volgende dag verstrijkt volgens eenzelfde patroon. Eten, trainen, eten, rusten, eten, slapen. Heel het leven draait om fietsen.

Het hotel is ook de tijdelijke basis voor een andere wielerploeg uit Nederland. De mannen van Van Vliet-Weba zijn net terug van hun training en staan nog uit te blazen. De wind van zee spande samen met de glooiingen van het land.

Ook de vrouwen van Farm Frites-Hartol komen vermoeid binnen. Er is bijna honderdtwintig kilometer getraind. De jonkies zien bleek. Leontien heeft haar mond open. Opgedroogd slijm rond haar lippen.
'Hé, jongens, jullie zijn er ook weer!' zegt ze enthousiast. Ze rijdt op de mannen af. Michael schudt de hand van de ploegleider en raakt al spoedig in gesprek.
De grootste renner spreekt Leontien aan. Hij praat luid, maar de golven van zijn bulderstem ebben weg in de wind. Ik weet niet wat hij zegt, maar aan de reactie van Leontien valt af te lezen dat het haar gekwetst heeft. Ze lacht nog wel, groet hem, trekt Michael aan zijn jas. Ze geeft haar fiets aan Jaap en loopt met gebogen hoofd het gebouw binnen.

Die avond hoor ik stemmen op de gang. De wanden van de hotelkamers lijken van karton. Ieder geluid vindt een doorgang tot mijn bed. Ik herken de verheven stem van Leontien. Het doffe geluid moet de rust van Michael zijn. Na een paar minuten dempen de stemmen. Dan slaap ik in.

De volgende ochtend vertrekt de groep om halftien. Opgewekt laten de vrouwen zich begroeten door de zon. Leontien is stiller, meer in zichzelf gekeerd. Ik hoorde haar net spreken met Michael. Ze wil vandaag langer trainen dan gepland.
Michael instrueert zijn ploeg: 'We volgen vandaag de route naar het oosten, dan langs de wielerbaan terug. Iedereen gaat vier uur fietsen. Behalve Leontien, Yvonne en Debby. Zij gaan nog anderhalf uur langer door.'
Ik trek mijn wenkbrauwen op.
'Ja, dat wil ze zelf, hoor,' verontschuldigt Michael zich.
Als een stoommachine zet de groep zich in gang. De eerste bewegingen zijn traag, maar bij de bocht draaien de benen soepel rond. Ik start onze auto. Buis klimt achterin in de kofferbak. Hij klemt de camera onder zijn arm.
'Rijden maar!' roept hij.
Al snel passeren we de fietsende dames. Twintig meter voor het peloton blijven we hangen.
'Iets dichterbij laten komen!' hoor ik Buis roepen.
Ik laat het gas los. De rensters rijden zijn beeld binnen.
'Zo is het mooi! Houden zo!'
Ik probeer me voor te stellen welke shots Buis maakt.
'Close-ups, Buis! Mooie cloosjes van gezichten, benen... de glimmende fietsen.'

In de spiegel zie ik Leontien. Ze rijdt midden in de groep. Ze is de spil waarom alles draait.

In de zon van de volgende dag, achter het hotel, poetst Jaap zijn juwelen. Een briesje licht zijn grijze lok even op. De spaken en tandwielen baden dankbaar in het ochtendlicht. Zoals vrijwel altijd draagt hij een zwart joggingpak, waarop een sponsornaam staat geschreven. Zolang ik Leontien en Michael ken, ken ik Jaap. Hij is er altijd bij geweest. In voor- en tegenspoed.
'Zo Japie, lekker geslapen?'
'Ja, jongen, deze ouwe Wolf slaapt overal goed! Als het maar gezellig is.'
'Je bent er vroeg bij man...'
'Moet ook. Die meisjes moeten er vandaag flink tegen aan. We gaan langs de kust, de heuvels in, van dat glimmende spul krijgen ze een beetje moraal... Dat zullen ze nodig hebben, ook!' grinnikt hij. Het vuur van zijn shaggie nadert zijn lippen tot op een centimeter. Dat zijn snor nooit in brand staat.
Michael spreidt de landkaart uit tegen de wand van de Mercedesbus.
'Kijk, Japie, ik wil die kant op, dan klimmen we daar omhoog, langs de kust en dan zo terug naar Palma. Ongeveer honderdveertig kilometer. De jongste twee stappen na honderd kilometer af. Die gaan bij jou en Ton in de wagen, en misschien ik ook wel. Oké?'
De meiden zijn gespannen. Ze vrezen de zware rit van vandaag. Nog altijd is Leontien zwijgzaam. Haar ogen dragen sporen van een innerlijke strijd.

Ik heb voor die dag een fiets gehuurd en ik sluit aan bij de groep. De krachtige tegenwind dwingt me me te verschuilen. Leontien rijdt op kop. Handen op de remmen, krachtige pedaalslag. Ze praat niet.
We volgen de weg richting Palma en sturen dan de heuvels in. De omgeving is onaangetast. Groen wordt zelden doorbroken door menselijk ingrijpen.
Het tempo glijdt aarzelend omhoog. Er wordt vaker van koppositie gewisseld. De eerste serieuze klim voert over de Col de Valldemossa. Van het dal op honderd meter tot aan de top op ruim vierhonderd meter boven de zeespiegel heeft het wegdek iets meer dan drie kilometer nodig. Een procentje of zeven, schat ik.
Om me heen hoor ik zacht geratel. Kettingen zoeken een ontsnapping. Iedereen schakelt lichter om wat minder pijnlijk te kunnen klimmen. De rensters vinden een cadans.
Leontien, in gezelschap van baanrenner Robert Slippens, Yvonne Bru-

nen en Debby Mansveld sluipen bij ons vandaan. Mijn hartslag loopt op, mijn benen smeken me om een ander tempo. Ik laat ze gaan. De groep bestaat niet meer. Het is ieder voor zich.
Leontien stampt door. Zo is ze op haar mooist, als ze haar kracht etaleert.
Op de top zou iedereen op elkaar wachten. Yvonne en Debby komen een paar seconden voor mij boven en draaien rondjes op de weg. De anderen bereiken zuchtend het hoogste punt. Waar is Leontien? Waar is Robert?
Michael merkt ogenblikkelijk dat zijn vrouw ontbreekt.
'Waar is Tinus?' hijgt hij. 'Is ze doorgereden?'
Paniek in zijn ogen.
'Waar zijn ze?'
Niemand weet het.
Daar is de bus met Jaap en Ton. Zij weten vast wel waar ze zijn.
'Nee, eh... ze zaten net achter ons, wij gingen water halen,' mompelt Jaap. 'Ik denk dat ze rustig zijn doorgereden.'
'Godver... we zouden hier toch allemaal wachten,' sist Michael. 'Wat is het soms toch een...'
Buis stuurt langszij: 'Ik rijd wel even vooruit om te kijken.'
Na een paar minuten keert hij hoofdschuddend terug.

We rijden door. De route langs de kust is oogstrelend. Kleine, venijnige heuveltjes, gevolgd door korte afdalingen langs een weelderige begroeide afgrond. Onder ons de zee. Er wordt niet veel meer gesproken. Alle adem is nodig om vooruit te gaan. De kustweg is vilein. Tergend langzaam vreet ze je benen aan en zuigt ze de krachten uit je spieren. In de groep is iedereen bezig met Leontien. Waar is ze? Is ze gevallen? Teruggekeerd? Verkeerd gereden? Zou ze pech hebben? Heeft ze wel een reservebandje bij zich? Een pompje? Geld? Ze spreekt geen woord Spaans! Alle opties passeren de gedachten. De groep is onsamenhangend. De leider ontbreekt.
'Misschien is ze wel bij het hotel?' oppert iemand.
Michael heeft zijn fiets bij Jaap en Ton in de auto gehangen.
'Hebben jullie een pomp en een bandje?'
Ik knik. De bus verdwijnt in de richting van het hotel.

Michael hangt tegen de muur. Hij is bezorgd. Als een schipper op zoek naar land, tast hij de horizon af. Ze is er niet. Hij schudt zijn hoofd. Niemand zegt iets. Ton poetst wielen. Jaap stelt een rem af. De enige beweging komt van een voorbijwaaiende plastic zak.
Ook Buis en ik staan te wachten. De camera op scherp. Wat zou er ge-

beurd zijn? Als ze maar niet gevallen is. Een blessure in het olympisch jaar kan funest zijn.
Michael slentert wat rond in de luwte van het hotel. Zijn blik onafgewend van de weg waarover ze moet komen.
'Nog een kwartier en ik ga haar zoeken...'
Dan verschijnen er twee fietsen om de bocht. Ik herken Robert en Leontien. Ze zijn doodop. Michael veert op. Hij wil zijn bezorgdheid uitspreken, maar zijn stem vindt een andere toon.
'Waar komen jullie vandaan?' zegt hij verontwaardigd. 'Waar zijn jullie heengegaan?'
Leontien pareert fel: 'Nou, wij zijn Jaap gevolgd, en zij slaan af bij een benzinepomp, en wij draaien om na twee minuten en Jaap is weg bij de benzinepomp!'
'Ja, waarom wacht je dan niet gewoon?'
'En toen zijn wij teruggereden naar onderen.'
'Helemaal naar onderen? Waar denk je waar wij hebben gestaan dan?'
'Weet ik veel!'
'Ja, weet ik veel, we hebben godverdomme zowat twintig minuten staan wachten. Buis is nog gaan zoeken! Maar misschien als Yvonne omdraait, omdat we dat afgesproken hebben, kan jij voortaan ook omdraaien!'
Leontien zet haar fiets tegen de muur en stapt driftig naar de achterzijde van de auto. Ze doet haar schoenen uit en stapt in haar slippers.
'Dit ligt toch echt aan jezelf, hoor!' zegt Michael. 'Waarom reden jullie door, we zouden toch stoppen?!'
'Jaap en Ton reden door, hoor Michael!' roept Leontien. 'Wij zaten achter de bus, en we komen terug bij de benzinepomp, rijden zij vol gas weg en we wisten niet meer waar we naar toe moesten. En dan komen we op het afgesproken punt en is iedereen weg! Is dat lekker!'
'Lekker bij de hand!'
'Maar jullie hebben geen twintig minuten gewacht, want dat kennie! Want wij zijn helemaal teruggereden!'
Jaap probeert te sussen: 'We gingen alleen effe waterhalen en zijn gelijk weer teruggedraaid...'
Leontien onderbreekt hem, terwijl ze op Michael afloopt. 'Geef me de sleutel, en mijn balhoofd zit los.'
Zonder ook maar iemand aan te kijken, verdwijnt ze door de achteringang van het hotel. Michael zucht.

Ook deze morgen verstoort het geratel van gereedschap de sereniteit. Jaap is zo als altijd bezig bij de bus. Hij stelt het balhoofd af van Leontiens fiets.

Iets eerder zat ik nog bij hem aan de ontbijttafel. Ik dronk jus d'orange. Jaap had me vreemd aangekeken. 'Nooit jus d'orange drinken op een nuchtere maag. Daar worden je darmen schraal van. Mij zal je dat nooit zien drinken.'
'Doe jou maar een biertje, hè?'
'Heb je 'm?' grinnikte hij in zijn feilloze Rotterdams.
Hij draaide een shaggie en liep naar buiten. Ik kijk toe hoe hij de fietsen vertroetelt.
'Is Ton er niet?'
'Voorlopig niet,' grijnst Jaap. 'Hij is gisteren op stap geweest... ik weet niet hoe laat hij terug was, wel laat.'
Een voor een komen de rensters naar buiten.
De mannen van Van Vliet-Weba zijn al vroeg vertrokken. Zij zoeken vandaag de kustweg op.
Leontien ontwijkt ons. Ze lijkt boos. Geen lachje, geen groet. Geen contact. Ik begrijp het niet. Wat is er gebeurd?
Buis laat zijn camera hangen en kijkt me vragend aan. Ook hij begrijpt Leontiens houding niet. Ik schud mijn hoofd en gebaar naar Michael.
'Wat is er?'
'Ze vindt het niet leuk dat jullie de ruzie gisteren hebben gefilmd, dat jullie er met de camera bij waren. Ze dacht dat jullie vrienden waren en haar niet zo te kijk zouden zetten,' zegt hij zacht.
'Ja, wij waren ook bezorgd. Misschien was ze wel gevallen, of was ze ziek, dat moeten we dan wel hebben voor onze film. Dan is het toch logisch dat we staan te draaien? Ik wil haar echt niet voor lul zetten, hoor, misschien gebruik ik het wel niet.'
Michael loopt wat verder weg van de groep.
'Ze zit niet goed in d'r vel. Alles komt nu tegelijk. Eergisteren stond ze met W. te praten, van Van Vliet, weet je wel... Zegt die eikel tegen haar: "God, Tinus, je hebt zeker een goede kerst gehad, je bent lekker aangekomen!"'
Een schok rolt over mijn rug. De aarde geleidt niet. 'Wat!'
'Ja, man, dat is zo klote... je weet hoe dat bij die anorexiameiden gaat. Het gaat nooit echt over, joh. Ze gaat dan toch weer zitten denken, zie je wel, ik ben te dik, ik kan het niet, ik kan beter stoppen...'
Michaels ogen spreken wanhoop. Hoe vaak heeft hij haar al niet moeten troosten, gerust moeten stellen?
'Ik heb de hele nacht op haar in moeten praten, dat het wel goed zit, dat ze zich niets moet aantrekken van zo'n lomperik, dat het nog vroeg in het jaar is en dat ze pas in september scherp moet zijn...'
'Tuurlijk!'
'En daarbij komt dat ze nog ongesteld geworden is ook, dat werkt ook

niet bevorderlijk. Ze kan dan niet zo veel hebben. Dus loop zo maar naar haar toe en leg het even uit waarom je er met die camera was en dat je niet weet of je het gebruikt of niet. Ze lijkt wel flink, maar ze is een gevoelig meisje, hoor. Als ze zich rot voelt, dan zit ze ook maar als een zielig vogeltje op de kamer.'
Ik herken liefde in zijn stem.

Een paar uur later fiets ik even naast Leontien. Haar lippen zijn fel rood gestift, haar nagels verzorgd. Ze maalt stevig door. Ik durf haar niet te vragen over de lullige opmerking van W., uit vrees haar nogmaals te kwetsen. Het liefst zou ik in haar hoofd kijken, om een glimp van haar ziel te mogen zien. Zou ik haar dan beter begrijpen? Ik leg mijn hand op haar rug. Ze kijkt even op. 'Tinus, het spijt me dat je je zo voelt… van het filmen. Als je niet wil dat we het voor de film gebruiken, moet je het zeggen… oké?'
Ze glimlacht aarzelend: 'Het is al goed, Bassie, het gaat al beter met me.'
We rijden naast elkaar langs de kust van het eiland. Er waait een stevige wind. Je kunt de zee ruiken. Ik geloof dat ze me het filmen heeft vergeven.

'Over een maand is Milaan-San Remo, en die wil ik goed rijden, dus als ik nu doortrap en een beetje afzie, gaat het op achttien maart in Italië een stukkie beter!'
Na een paar minuten laat ik me terugzakken naar een beschutte plek in het peloton. Leontien blijft haar ploeg aanvoeren.
Sissy van Alebeek en Anouska van der Zee drukken hun wiel naast me. Ze kijken me aan. Sissy slaakt een zucht: 'Ze rijdt weer lekker door, hè?'
Ik knik. Een dag eerder had ik met de vriendinnen van Leontien gesproken. Ze vertelden me dat het soms lijkt of Leontien nooit zere benen heeft. 'Dan zit je dood te gaan in haar wiel, en dan gaat ze maar door, tandje erbij en hup daar gaat ze weer, het is echt een fietsbeest!' had Sissy gezegd.
'Rustdagen zijn voor haar het moeilijkst,' vulde Anouska aan. 'Het liefst zou ze iedere dag knallen, maar gelukkig luistert ze ook wel naar ons en naar Michael, dan doet ze wel eens een dagje kalmer aan. Maar rustig trainen, handjes op het stuur, rondrijden in de zon, dat vindt ze het moeilijkste wat er is. Ze wil altijd hard rijden.'
Nu ervaar ik wat Sissy en Anouska bedoelen. Na honderden kilometers training deze week is Leontien de enige van de ploeg die de schijn van fitheid weet te bewaren. Ook zij moet vermoeide, zere benen heb-

ben. Ze stampt door. Het lijkt wel of haar benen geen weerstand voelen. Ze trappen in het luchtledige. Haar bovenlijf ligt perfect stil en oogt ontspannen. Wij kermen achter haar aan.

Het is drieëntwintig maart als de zon even door de grijsheid van de Nederlandse winter heen prikt. De ploeg is een paar dagen geleden teruggekeerd van Mallorca.
Leontien is op haar kamer in Motel Akersloot. Ze zit voor de spiegel. Dertig jaar en één dag oud. Voor haar een grote toilettas vol met kwastjes, potjes, en stiftjes. Ze heeft zich altijd goed verzorgd. Zelfs in de tijden dat ze moest lijden op een berghelling, of in stromende regen probeerde te ontsnappen uit de greep van het peloton waren haar lippen altijd fel gekleurd, haar ogen omlijnd en haar haar vrouwelijk samengebonden.
Eind jaren tachtig moest het vrouwenpeloton erg wennen aan de nieuwe verschijning uit Boekel. De meeste rensters reden rond met gekortwiekte koppies, onopgemaakt. Soms leken het halve kerels.
Als Leontien of één van haar opgemaakte ploegmaatjes demarreerde, dook de concurrentie meteen in het wiel. Alleen Leontien moesten ze laten rijden. Die konden ze gewoonweg niet bijhouden. Leontien voelt zich pas lekker als ze er erg goed uitziet. Op de fiets of in het dagelijkse leven. Dat maakt haar niet uit. IJdel is ze.

Ze borstelt haar haren. Speciaal voor deze dag is ze naar de kapper geweest. Haar door de Spaanse zon gebruinde benen krijgen extra glans door een crème. 'Liever was ik gewoon gaan fietsen, hoor. Het is hier nu nog mooi weer, vanmiddag trekt alles weer dicht. Zul je zien.'
Ze wendt zich tot de spiegel, ze spert haar ogen wijd open. Met een klein kwastje borstelt ze haar wimpers. 'Michael, het is zijn dag. Hij is de hele week al zenuwachtig. Of alles wel goed loopt, of de kleding er op tijd is, of er genoeg pers is. Zo'n ploegenvoorstelling is een beetje zijn show.'
Via de spiegel zie ik haar lach.
'Je was ziek, vorige week?'
'Ja, ik heb de hele week op bed gelegen, zo slap als een vaatdoek! Ik kwam er alleen maar uit om naar de wc te rennen. Michael heeft me op bed gehouden, hoor. Maar ja, ik kon ook niet trainen. Ik kan toch niet fietsen en om het halfuur in de berm gaan zitten, pff.'
'Dus geen Milaan-San Remo gereden?'
'Nee, had achteraf wel gekund. Ik had de hele week dus gerust. Op donderdag voelde ik me nog zo slap, dat ik dacht dat het beter was dat ik niet meeging… achteraf wel shit. Ik ben zaterdag maar een crite-

rium gaan rijden. Ik had superbenen, ik won heel gemakkelijk. Ik was helemaal uitgerust. Misschien moet ik voor Sydney ook wel even een paar dagen misselijk zijn!' grinnikt ze.
In hotel staan overal levensgrote kartonnen afbeeldingen van Leontien. Ze staat met een zak friet afgebeeld. Een pijl op haar borst wijst naar de zaal waar de bezoekers worden verwacht.
Michael dirigeert. Twee zwarte Mercedessen van de ploeg worden bij de entree van het motel geparkeerd. De grote zwarte renstersbus komt frontaal voor het motel te staan.
Binnen testen twee mannen de geluidsapparatuur. De één fors en breed, de ander kleiner, dunner. Het zijn de 'Rebels'. Ton Vrolijk, de assistent-ploegleider, heeft ze geregeld. Het zijn eigenlijk stripteasedansers, maar vandaag zullen ze hun optreden beperken tot zang.
Zo gaat dat in het vrouwenwielrennen. In tegenstelling tot de mannelijke tak van deze sport is hier weinig geld voor gelikte presentaties. Het komt vaak aan op liefdewerk van vrienden en kennissen die het feestje een beetje moeten aankleden.

De zaal stroomt vol. Journalisten, sponsoren en supporters. Harry en Martha zitten al aan de koffie. In het geroezemoes herken ik de goedhartige Brabantse stemmen. Harry zwaait uitbundig wanneer hij me ziet.
In de keuken zijn de rensters bijeen voor de instructies. Ook de buitenlandse rensters zijn aanwezig. In gebrekkig Engels legt Michael uit dat ze twee aan twee naar binnen lopen, zodra hun naam wordt afgeroepen. Als laatste moet Leontien opkomen in de trui van de wereldkampioen tijdrijden op de witte fiets met witte banden.
Ardie, de pr-man van het team, neemt de microfoon en introduceert de rensters. Dan nemen de 'Rebels' het over. Ze zingen: 'This is the moment...'
Een verkeerd opgestelde rookmachine proest een dun gordijntje de ruimte in. Leontien wacht achter de deur. Michael kijkt gespannen toe en wenkt haar te komen.
De stem van Ardie schalt over de 'Rebels' heen: 'Hier is ze dan, wereldkampioen tijdrijden, tweevoudig winnares van de Tour de France, de kopvrouw van het Team Farm Frites-Hartol, Leontien Zijlaard van Moorsel!!!'
Er klinkt een luid applaus. Ik kan niet goed aflezen hoe Leontien zich voelt. Ze doet haar werk.

Anderhalf uur later is het voorbij. Michael praat nog wat na met gasten. Vrijwel alle landelijke televisiezenders hebben het opnieuw la-

ten afweten. 'Ze zouden komen!' zegt Michael ietwat beteuterd. 'Een paar minuten in het sportjournaal. Ze is godverdomme één van de sportkanjers van ons land! En ze komen gewoon niet. Alleen de Rotterdamse tv en SBS6. Wat moeten we er nog aan doen? Ze is wereldkampioen! Zullen de sponsoren leuk vinden, die steken geld in de ploeg en in Leontien, om publiciteit te krijgen, tsja!'
Wat beschaamd buig ik mijn hoofd. 'Ja.'
'Voetbal! Je wordt er toch strontziek van. Een voetballer met een zere teen is bij de NOS altijd meer nieuws dan nieuws over een vrouwelijke wereldkampioen!' Krantenjournalisten druipen af, hun verhaal opgeslagen in een laptop.
Leontien verdwijnt naar haar kamer. Ook zij heeft de nationale omroep gemist: 'Wat moet ik nog winnen, voordat ze eens een keer komen?'
'Een olympische medaille,' zeg ik zacht.
Ze kleedt zich om, om toch nog te gaan trainen.
Laaghangende wolken trekken over.
'Als het nog maar even droog blijft!' zegt ze als Jaap haar fiets overhandigt.
Vergezeld door enkele ploegmaatjes rijdt ze de parkeerplaats af. Langzaam wordt ze een stipje in de polder, totdat ik haar niet meer kan zien.

Leontien en Michael wonen sinds een jaar bij de ouders van Michael in huis. Een riante, moderne villa aan de rand van Nieuwerkerk aan de IJssel. Joop en Ans Zijlaard zijn eigenaar van twee restaurants in Rotterdam. Daarnaast geniet Joop bekendheid als gangmaker bij wielerwedstrijden waar renners achter een derny – soort brommertje – of motor moeten rijden. Gekleed in een zwarte maillot en dikke zwarte trui zit Joop dan op de derny. Achter zijn brede rug zit de renner uit de wind. Er kunnen zeer hoge snelheden worden gehaald.
Michael en Leontien bewonen de bovenetage. Er wordt wel samen gegeten en in praktijk wordt de woonkamer beneden gedeeld. Ans stelde voor dat ze hun intrek zouden nemen in de villa. Het rijtjeshuis aan de Klompéstraat in Capelle aan de IJssel werd verruild voor de etage bij Joop en Ans.
'Ze kan zich nu voor de Olympische Spelen helemaal richten op het fietsen. Je kan kwalijk verwachten dat iemand die vijf, zes uur per dag traint en met topsport bezig is, ook nog de was moet doen, moet koken, het huishouden, toch?' zal Joop een paar uur later tegen me zeggen.
Tijdens het ochtendnieuws van acht uur, parkeer ik mijn auto voor het

huis. Het is half april, vijf maanden voor de Spelen.
Leontien is al op. Op de slaapkamer brandt licht. Michael is bezig bij de garage. Hij laadt fietsen in een autobusje. Ook de derny gaat mee. Hij steekt zijn hand op en roept: 'Tinus is boven, er is al koffie!'
Op de slaapkamer staat Leontien naast de spiegel. Ze is gekleed in een wielerbroek en een topje. Haar nagels felrood gelakt. Om haar enkels heeft ze gewichten gebonden, in haar handen heeft ze kleine haltertjes.
'Dit doe ik elke dag!' zegt ze opgewekt. 'Al jaren, doe ik oefeningen. Om sterk en strak te blijven, ook toen ik helemaal in een dip zat, ben ik dit toch blijven doen...'
De slaapkamer is netjes. Leontien houdt niet van chaos en rommel in haar leven. Waar ze is moet het schoon zijn. Mooi of lelijk maakt haar niet uit. Als het maar proper is.
Midden in de ruimte staat een groot bed. Op de crèmekleurige sprei met pastel bloemen liggen twee knuffelberen. Aan weerszijden staan twee tafeltjes met daarop foto's. Tegenover het bed staat een groen-wit gestreept bankje, een modern stereomeubel en een wit kastje met foto's van Michael en haar samen.

Van buiten dringt het geluid van een pruttelende brommer door. Michael is in gevecht met een oude, opgevoerde brommer. Een Zündapp uit het jaar kruik. 'Daar zijn de Romeinen nog mee hierheen komen rijden!' grapt Jaap langs een kringeltje rook.
'Hij doet het anders altijd,' murmelt Michael. Hij probeert de brommer nog een keer aan te trappen. Behalve een diep gerochel, blijft het stil.
'Zou die verzopen zijn, Jaap?'
'Ik denk dat-ie verzopen is!' papegaait Jaap.
Michael duwt de brommer voor zich uit: 'Dat ding moet het gewoon doen, toch?'
Dan springt hij op het zadel. Het achterwiel blokkeert en heel even slaat de motor aan.
'Bijna!'

Leontien ligt op het gebroken-witte tapijt van haar slaapkamer. Ze heeft haar armen onder haar hoofd gevouwen en tilt haar benen op. Ze traint haar buikspieren. Haar lichaam is gespierd, maar ook vrouwelijk.
'Hoe zwaar ben je nu?' vraag ik.
'Eh, ik denk 58 kilo of zo... ik weet het niet, ik heb al twee jaar niet meer op de weegschaal gestaan!' Ze kijkt me even aan. Een twinkeling in haar ogen. Triomfantelijk. Haar lach is echt.

Een kwartier later sloft ze uitgedost als renster de garage in. Ze ziet er verzorgd uit.
De kleding kleedt slank af, de schoenen glimmen en haar lippenstift schakeert smaakvol met haar zonnebril.
Jaap steekt een schroevendraaier in zijn achterzak, frummelt een reservebandje en pompje in de half opengewerkte bidon op Leontiens fiets.
Michael is al met het autobusje vertrokken naar de wielerbaan in Sloten, bij Amsterdam, en staat zich ergens te ergeren in de file.
Joop Zijlaard trekt een dikke jas aan. Zijn brede glimlach past net onder de helm.
'Kom, Tinus, we moeten weg, anders staat Michael voor de kat z'n k. te wachten!'
Hij hijst zijn zware lichaam op de pruttelende Zündapp en trekt op. Geroutineerd nestelt Leontien zich achter de forse rug van haar schoonvader.
De eerste kilometers doet Joop rustig aan. Behalve het motortje van de brommer moet ook Leontien eerst warmdraaien. Eenmaal buiten de bebouwde kom draait hij het gas verder open. Het motortje maakt een jankerig geluid. Ook Leontien maakt meer toeren. Ze schakelt naar een zwaardere versnelling. We rijden naast haar met de auto. De teller wijst bijna vijftig kilometer per uur aan.
Ik heb een andere cameraman bij me. Frank. Hij hangt half uit de wagen, de camera stil op zijn schouder. Ik moet mijn gedachten verdelen tussen het verkeer en de tandem Joop-Leontien. Op een rustige weg kan ik langer naar ze kijken. Joop zit bewegingsloos op de brommer. Nauwlettend houdt hij de wereld in de gaten. Leontien werpt soms een inspecterende blik langs hem heen, op de weg voor hen. Dan buigt ze weer boven haar stuur en ontduikt ze de wind.
Zo hebben ze al duizenden kilometers getraind. Toen niemand het meer zag zitten met Leontien, klom Joop op de brommer. Tijdens de moeilijkste dagen van haar leven, kon ze schuilen achter zijn rug.

Bij de wielerbaan in Sloten staat het rode busje van Michael. Hij zit ongemakkelijk op de voorbank. Hij wringt zich in een dikke gevoerde broek om zich te beschermen tegen de kou, als hij straks ook op een brommer zit.
'Is Tinus er al?' vraagt hij.
'Bijna, ze zullen zo wel komen.'
Michael stapt uit de wagen en tilt de derny uit de achterruimte. De motor start onmiddellijk. Sissy en Anouska zijn er ook. Hun auto staat op de parkeerplaats.
'Zijn jullie hier met de auto?' vraag ik.

'Ja, wij wel, ja, je denkt toch niet dat ik eerst zestig kilometer van Rotterdam hierheen fiets? De echte training begint nu pas, hoor!' lacht Sissy.
'En Tinus dan?'
'Ja, Tinus... dat is Tinus!' luidt het antwoord.
Michael rijdt de derny voor en de beide vrouwen zoeken beschutting. Ze rijden het trainingsparcours op. Vanuit de verte klinkt het snerpende geluid van de Zündapp. Leontien nadert.
Op het voor verkeer afgesloten parcours wordt er verder getraind. Sissy en Anouska doen voorzichtig hun warming-up. Achter de rug van Joop zoekt Leontien haar pijngrens op.
'Harder!' roept ze.
Zonder vaart te minderen duikt Joop de bochten in. Leontien moet volgen, wil ze ook in Sydney hard door de bochten kunnen sturen. Ze moet!

'Hoeveel kilometer heb je nu getraind?' vraag ik terwijl we de kleedkamer inlopen.
'Pff, ik denk iets van honderdtwintig of zo, 's kijken. Zestig achter de brommer hierheen, toen nog een klein anderhalf uur, ja zeker wel, honderdtwintig,' zegt ze.
Haar donkere ogen fonkelen. Dit is haar leven. Dit is waar ze goed in is. Een doel kiezen, en ervoor gaan.
'Klaar voor vandaag?'
'Nee, joh! Efkes een boterhammetje eten, en dan nog achter Joop of Michael een paar uurtjes tempo's trainen op de wielerbaan. Fijn hè?'
'En dan?'
'Ja, dan is het echt genoeg, hoor, morgen gaan we naar mijn ouders in Boekel. Mike is zijn fiets vergeten, die oen. Nu moet-ie met deze kou op de brommer zitten. Kan ik er lekker achter trainen!'
In het koude licht van een kleedkamer zitten Leontien, Anouska en Sissy op een bankje. Ze eten hun broodjes. Zittend op de massagetafel in het midden kauwt Michael een boterham.
We blijven nog even kijken bij de baan. Leontien, Sissy en Anouska draaien hun rondjes. Joop snort voor hen uit. Af en toe stuurt Leontien omhoog in de bocht om daarna ineens naar beneden te sturen. Plongeren, heet dat. Je laat je eigenlijk naar beneden vallen, daardoor krijg je ineens veel vaart. Het lijkt wel of ze even haar angst vergeten is. Ze rijdt twee rondjes hard door. Daarna kruipt ze weer achter Joop.
Frank knikt. 'Het staat erop, hoor.'
'De film moet niet alleen over fietsen gaan,' zucht ik. 'Maar over haar leven.'

'Dit is haar leven, toch?' mompelt Frank terug.

We nemen afscheid en laden het statief en de camera in onze auto. Het is diep in de middag als we wegrijden bij de wielerbaan. De straatlantaarns zijn al ontstoken. Ik zie Michael bij de auto's. Hij prutst aan een brommer. Dan draaien we de autobaan op.

Tinus traint vandaag meer dan zes uur. En morgen zit ze weer op de fiets.

'Nu doe ik het op een gezonde manier!' is Leontiens verweer altijd. 'Dat was vroeger wel anders!'

Mijn ogen vallen dicht. Ik dommel langzaam weg. Ik denk aan Leontien. Aan hoe mager ze destijds was. Aan hoe ze, opgezweept door vervaarlijke stemmen in haar hoofd, haar lichaam haast ontzielde, op zoek naar de zege.

'Verdwaasd was ze,' zeg ik tegen mezelf. De radio brengt file-informatie. De ruitenwissers wiegen me ritmisch in een lichte slaap.

Hoofdstuk 4

Bij wielrenners is deze koers berucht om haar smalle, bolle landweggetjes en kasseitjes. Een uitgedund damespelotonnetje slingert door Drenthe. Het is begin april van het jaar 2000. De wind ziet kans om tussen de bossen door, over de glooiende weilanden te razen. De wedstrijd is zwaar. Vele rensters zijn gelost. Ontmoedigd zoeken zij een kortere weg naar de kleedkamer. Anderen verzamelen kracht en moed om nog één keer aan te klampen in het wiel voor hen, in de hoop dat het tempo vooraan snel zal zakken.
Ik sta een paar kilometer voor de finishplaats Hoogeveen, tussen bomen verscholen. Afwachtend kijk ik over de roerloze kasseiweg. Grove, soms losliggende stenen onder een verraderlijk filmpje slijk. Aan weerszijden bepalen bomen het strijdperk. Ieder moment kan dit troosteloze decor veranderen in een schouwspel van naar adem snakkende monden, met modder omrande ogen en bevende benen. Een enkeling zal over de keien dansen, maar de meerderheid zal elke dreun moeten verwerken. Heb je te weinig vaart dan slaat iedere steen door tot diep in je botten. Heb je deze strook overleefd, dan heb je het zwaarste van de Ronde van Drenthe gehad.

Na een tijdje zie ik lichten, tussen de bomen door. Ik hoor het geluid van zware motoren. Motoragenten maken het pad vrij voor de rensters. Daar zijn ze!
Onmiddellijk vind ik Leontien halverwege de sliert van van inspanning vertrokken gezichten. Ook zij is besmeurd. Ze stampt op de pedalen en bijt. Alles rammelt. De ketting van haar fiets danst, haar handen trillen op het stuur. Direct na de passage stap ik in de auto en rijd ik naar de finish. Daar zijn Harry en Martha.
'Zit ze erbij?' vraagt Harry, nadat ik heb uitgelegd waar ik vandaan kom.
Ik knik. 'Maar fris was ze niet meer.'
De donkere ogen van vader Van Moorsel turen gespannen onder de finishvlag door. De weg is leeg. Op zijn gezicht verschijnt een verlegen glimlachje. Mijmerend zegt hij: 'Het was een goed gesprek, dat we hadden, hè? Toen bij ons thuis in Boekel, maar zo was het ook, hoor. We wisten gewoon niet meer wat we met haar aan moesten, geloof je dat? Jonge, je weet hoe we wonen, nou, zelfs dat huis was vaak te klein hoor, als tante thuiskwam. Govver… Je kon het al zien, dan kwam ze aanfietsen, zat ze voor lijk op de fiets. Ogen diep teruggetrokken in da' koppie.'

Zijn donkere ogen koesteren een onvoorwaardelijke liefde voor zijn dochter. Vlak onder het oppervlak van de lach op zijn gelaat stroomt een dieper leven. Het is bij hem nooit een smal beekje geweest, maar altijd een kolkende rivier. Zijn gezondheid, het kapot gaan van zijn bedrijf, en wat hem misschien nog wel het meest heeft aangeslagen, is de wanhoop en het verdriet om zijn jongste dochter. Zij die zo veel vreugde bracht, nam vele tranen. Harry kucht even, slikt en zoekt naar woorden: 'Had ze vijf uur getraind, zowat zonder te eten... dan klapte ze de deur dicht, nou, als je toevallig met wat anders bezig was en het eten stond nog niet op tafel, nou berg je dan maar, hoor... tjonge, ze was gewoon onze Tinus niet, de leuke lachebek was niet meer te genieten, je zou... Oh, kijk daar komt wat! Dat kan toch nog niet, ze moeten nog wel een halfuurtje rijen, toch?'
Twee motoren passeren.
De stand van de wedstrijd gaat van mond tot mond over de tribune. Er zou een kopgroep zijn, met daarin twee dames van Farm Frites-Hartol. Leontien rijdt in het peloton en probeert daar het tempo te drukken, zodat de kopgroep kan wegblijven.
Harry zoekt Martha. Een korte knik. 'Misschien dat één van die twee andere meiden van de ploeg het kan afmaken, vandaag.'
Ik haal koffie bij een tentje zoals je die vaker aantreft bij wielerkoersen. Een witte kar met een luifel waaronder een vette walm van gefrituurde frieten gedurende de hele koers zal blijven hangen. Het hoort erbij. Frituurvet gaat perfect samen met massageolie.
Je kunt er alles krijgen, kroketten, frikadellen, doorgebakken hamburgers, bier, cola en koffie. De patatboer laat veelvuldig zijn licht schijnen over het verloop van de wedstrijd, er wordt geknikt en gekraakt. Ik besluit er niet te lang naar te luisteren. Ik verlaat de stuurlui en keer terug naar de onheilspellende zee van Drentse klinkertjes.
'Hier, koffie.'
Harry blaast de damp van het bekertje en nipt. We genieten van de sfeer op de tribune, het gonzende geluid van spanning en opwinding. De kopgroep passeert. Harry en Martha buigen naar voren. Vier bruine ogen zoeken hun dochter. Leontien is niet ver weg.
'Hup Tinus!' klinkt het hees met een Boekels accent.

Het bedrijf in bouwmaterialen is in handen van een andere eigenaar. De grootste financiële zorgen lijken overwonnen. Harry en Martha fleuren op door de bloementuilen die hun dochter bij elkaar fietste. In 1989 heeft Leontien net kennisgemaakt met de Tour de France. Ze heeft ervaren dat ze zich met de wereldtop kan meten, maar dat ze te zwaar is om in het echte hooggebergte met de besten mee te kunnen.

Op het WK *te Chambéry (Frankrijk) in 1989 kwam Leontien niet verder dan een 42e plaats. Ze ontdekte dat ze te zwaar was om mee te kunnen met de top.*

Bondscoach Hoekstra heeft het zijn meiden uitgelegd. Gewicht is een belangrijke factor bij het dameswielrennen. Als je minder sterk bent, moet je zorgen dat je minder hoeft mee te zeulen. Hij vertelt ze het verhaal van de Citroën 2CV en de vrachtwagen. In een afdaling legt de lelijke eend het af tegen de zware vrachtwagen. Op het vlakke kan de eend hem net bijhouden, omdat die vrachtwagen wel honderd keer sterker is. Maar bergop moet de truck de eend laten gaan. Dat komt door het gewicht. De eend is veel lichter en heeft dus ook een minder sterke motor nodig om berg op te rijden. Bij wielrennen is het net zo. Vrouwen hebben minder kracht, dus elke kilo die je niet hoeft te tillen, scheelt enorm. De rensters van de nationale selectie moeten op dieet.
In het najaar van 1989 begint Leontien met afvallen. De bedoeling is om heel gelijkmatig een paar kilo kwijt te raken. Daarnaast beginnen de dames met krachtoefeningen om sterker te worden. Vastbesloten door te stoten tot de wereldtop volgt ze de raad van haar coach nauwgezet. Ze zoekt regelmatig het krachthonk op, en iedere ochtend begint ze met oefeningen, vaak op nuchtere maag.
Na het trainingskamp in Spanje, op de wielerschool van Stofberg, is de oude Leontien gesneuveld. De gezellige, mollige Brabantse is een serieuze renster geworden. Vroeger nam ze nog wel eens een zak friet of een donut. Ook vlak voor de koers! Die tijd is voorbij. Er moet gepresteerd worden! In Spanje heeft ze kennisgemaakt met de leefwijze van professionele wielrenners. Hard trainen, vetarm eten en slapen. Ook haar toenmalige voorbeeld Jeannie Longo leeft als een monnik. In het peloton geldt het motto dat je, als je succes wilt, er veel voor moet doen, maar nog meer voor moet laten.
Behalve dat je als wielrenner zo licht mogelijk moet zijn, leert Leontien in Spanje ook afzien. Als geen ander kan ze haar pijngrens verleggen en overschrijden. Maar door het afzien en lijden in Spanje leert ze dat ze nog dieper kan dan ze zelf vermoedt.
De trainingen met profrenners bij Stofberg liegen er niet om. Na de krachtoefeningen op nuchtere maag wordt er vaak hardgelopen, om daarna nog een paar uur lang op de pedalen te staan. Bergop, bergaf. Aanvankelijk heeft Leontien grote moeite met het klimmen, maar ze gaat zienderogen vooruit.
Na de ochtendrit en middageten, volgt de middagtraining. De ene dag loopt Leontien een uur lang trap op, trap af, om haar beenspieren aan te sterken en te wennen aan vermoeidheid. Ze zat soms bijna te huilen op fiets. Dan ging ze zo diep, alles deed zeer. Ze dacht toen dat ze er alleen maar sterker van werd. Dat ze zonder die training nooit goed genoeg zou worden. Harry was zich rot geschrokken toen hij zijn dochter na het trainingskamp ophaalde van het vliegveld.

Uit de speakers in Hoogeveen klinken de namen van de rensters in de kopgroep. Het peloton met daarin Leontien rijdt op een kleine minuut. 'De rensters hebben nog tien kilometer voor de wielen!' schalt een mechanische stem over de hoofden van de toeschouwers. Martha en Harry worden nerveuzer.
'Nog een kwartiertje,' zegt Martha opgewonden. Ze werpt een vluchtige blik op het kleine dameshorloge om haar pols.
'Wij houden nogal van goed eten,' vervolgt Harry met een grijns van de levensgenieter. 'In ieder geval een lekker stukkie vlees. Eten moet gewoon lekker zijn. Er is hard voor gewerkt dus het moet goed smaken. Nou, je ziet wel, dus, dat het wel vreemd voor ons was toen onze Tinus ineens dat niet meer moest hebben. Yoghurt, sla en bonen! Meer at ze niet. Ja, dat begon toen... De kilo's vlogen eraf, broodmager werd ze. We dachten dat het er wel bij zou horen, ze fietste er goed op, dus... We wisten ook niet wat er met haar aan de hand was, eerst.'
Zijn verhaal wordt onderbroken door een groepje rensters. Een restantje peloton ligt te ver achter en is uit de wedstrijd gehaald. Zonder moraal melden de gelosten zich af bij de jury. 'Wie zijn dat, Martha? Geen van ons?'
'Nee, ze zitten allemaal van voren.'

De nieuwe trainingsaanpak en de veranderde eetgewoonten werpen vruchten af. Begin 1990 verschijnt de nieuwe Leontien aan de start. De blozende bolle toet is geslonken. Afgetraind, gespierd en gebrand om te laten zien wat ze in huis heeft, meldt ze zich bij de eerste groepstrainingen.
Het damespeloton reageert geschrokken. Ook binnen de nationale selectie maken rensters opmerkingen over de magere Tinus. Ze hadden Leontien een paar maanden niet gezien. De laatste keer was in oktober. Toen was ze bijna negen kilo zwaarder. De Boekelse wordt er zelf onzeker van. Bang dat ze haar sprint en kracht is kwijtgeraakt, zoekt ze haar vertrouwensman op. Hoekstra stelt zijn pupil gerust. Ze moest van Hoekstra wel oppassen met te veel afvallen. Hij zei dat ze beter gelijkmatig iets van haar gewicht had kunnen verliezen en dat dit wel de limit was.
Leontien ging op zijn advies naar een diëtiste, zodat ze wel genoeg energie binnen zou krijgen. Maar ze was zo eigenwijs dat ze in één winter tien kilo verloor, en daarna ging ze gewoon door met afvallen. Leontien voelde zich erg sterk en ze ging alleen maar harder rijden. Ze won direct een klassieker en bergop kon bijna niemand haar meer bijhouden.
Het ging goed. Ze won grote wedstrijden. In de Niedersachsen Rund-

fahrt won ze zes etappes en het eindklassement, ze werd Nederlands kampioen en ze won de Tour de l'Aude in Frankrijk. In de Tour Féminin werd ze ineens tweede!
Ik blader door mijn herinneringen. Ik vind Leontien dansend op de Duitse hellingen. Zij bepaalt het tempo, zij doet anderen pijn. Ze is behalve sprintster en tijdrijdster, nu ook een klimmer. Leontien domineert het Nederlands kampioenschap van dat jaar. Op de laatste heuvel laat ze iedereen achter. Het volkslied klinkt opnieuw voor haar.

'Ik weet nog,' begint Harry, 'ik lag in het ziekenhuis.' Zijn hand grijpt naar zijn borst. 'Mijn hart, daar had ik weer problemen mee. Leontien was met de baanploeg naar de wereldkampioenschappen in Japan. Hoekstra had haar verteld om het ook maar eens op de achtervolging op de baan te proberen. Nou, dus, ik lag in het ziekenhuis... Zegt de dokter dat Tinus op tv komt. Dus, ik lig dus om mijn kamer, met zo'n televisie boven mijn bed, zie ik onze Tinus wereldkampioen worden! Nou, dat had ik nooit gedacht, een wereldkampioen in de familie te hebben, dat was gewoon fantastisch... ja, en een paar dagen later weer, met de ploegenachtervolging... geweldig!'
Heel het dorp leeft mee met de wereldkampioen en haar familie. Het geluk kan niet op. Leontiens honger naar succes wordt alleen maar groter. Ze was twee keer wereldkampioen, maar om de Tour te winnen kwam ze toch nog te kort. Ze verloor nog altijd te veel tijd in de bergen. Ze was toch nog te zwaar. In 1990 weegt Leontien niet veel meer dan vijftig kilo. Voor Tinus is dat niet licht genoeg. Ze wil nog lichter worden. Elke kilo die eraf kan, moet eraf. De methode die succes afwerpt, begint haar steeds meer te beheersen.
Aanvankelijk is ze nog de baas over haar eigen lichaam en geest, maar langzaam maar zeker lijkt het of iets anders haar leven gaat bepalen. De wil om te winnen, wordt angst om niet langer te kunnen winnen, angst om niet te voldoen aan verwachtingen van anderen, maar bovenal van zichzelf. Ze is een kampioen geworden door af te vallen, nog meer afvallen moet garanderen dat ze blijft winnen.
Die winter geselt de Boekelse zichzelf nog extremer. Ze traint en traint. Haar horizon vernauwt meer en meer. Er is geen tijd voor gezellige uitjes met vriendinnen en familie. Haar zussen en hun kleine kinderen hoeven niet langer op aandacht van Leontien te rekenen. Bondscoach Hoekstra waarschuwt zijn pupil keer op keer voor haar gedrevenheid. Ze luistert er niet naar. Ze leeft op bonen en yoghurt en traint fanatieker dan wie ook.
Steeds meer vrouwen kijken tegen haar op. Zij imiteren de rigide levenswijze van hun voorbeeld. In navolging van Leontien begint het

halve damespeloton te vermageren. Leontien heerst. 1991 moet haar jaar worden.
En ze wint. De zware Franse etappewedstrijd, in de Tour de l'Aude, ze wordt Nederlands kampioen op de weg en ook als tijdrijdster mag ze zich hullen in de vaderlandse driekleur. Hoofddoel van het jaar zijn de wereldkampioenschappen in het Duitse Stuttgart.
Haar wereldtitel achtervolging op de baan kan ze niet prolongeren. Achteraf misschien een voorteken? Om op de baan hard te kunnen rijden is veel kracht nodig. Te veel afvallen gaat vaak ten koste van die kracht.
Leontien richt zich op de wegwedstrijd. Hoekstra heeft haar lekker gemaakt. Volgens de bondscoach is het parcours op haar lijf geschreven. Dat geeft Leontien enorm veel vertrouwen.
Het kampioenschap wordt een zegetocht. Hoekstra heeft zijn rensters opdracht gegeven rustig te blijven. Vooral Leontien moet zich in het begin van de wedstrijd koest houden. Dat valt niet mee voor haar. Het liefst vliegt ze er altijd in. Half koers kan ze zich niet langer bedwingen. Het ging haar gewoon niet hard genoeg. Nadat haar ploegmaatjes het tempo hebben opgeschroefd, is het de beurt aan Leontien. Ze versnelt en laat iedereen verbouwereerd achter. De Amerikaanse Inga

© Herman Harens

Ronde van de EEG 1991. Nadat ze die dag de etappe heeft gewonnen, meldt Leontien zich in de caravan waar de dopingcontrole wordt gehouden.

Thompson probeert het nog, maar ook zij kan de op stoom gekomen Tinus niet achterhalen. Sterker nog, haar voorsprong groeit met de ronde. De regenboogtrui is voor haar. Ze is wereldkampioen op de weg, maar er is niemand op de wereld die weet wat er werkelijk in haar omgaat.
De mensen om haar heen hebben lof voor de onverbiddelijke levensstijl van Leontien. Twee jaar geleden nam ze nog wel eens een frikadelletje. Nu eet ze hartstikke mager voedsel, salades zonder sauzen, kwark en magere yoghurt. Ze eet vast heel veel, want ze moet wel zes keer per dag naar de wc. Het valt de masseur van de ploeg wel op dat Leontien stiller is dan vroeger. De tijd van lachen, gieren, brullen is voorbij. Leontien moet winnen. Alleen de eerste plaats telt voor haar.

'Ik kom eraan!! Die rotfiles!' luidt het excuus van Michael.
Cameraman Buis, geluidsman Barry en ik wachten op de McDonald-parkeerplaats in Zwolle. Het duurt nog een kwartier voordat de zwarte met sponsornamen bestickerde Mercedes voorrijdt. Michael ziet er verzorgd uit. Hij draagt een gedistingeerd zwart pak met moderne, eveneens zwarte schoenen. Het is een belangrijke dag voor hem, maar ook voor ons. Het supersonische frame van de baanfiets is binnengekomen uit Australië. Hij is benieuwd naar het technologische wonder. Ik heb een ander doel. Ik weet dat ik vandaag een van de belangrijkste gesprekken ga voeren voor de film. Voor het eerst ben ik echt alleen met Michael. Mijn respect voor hem is groot. De wijze waarop hij het geduld weet te bewaren om de onvolkomenheden van zijn vrouw op te vangen en haar altijd de steun geeft die ze verlangt, maken hem zeer aimabel.
Ik stap bij hem in de auto. Buis en Barry rijden achter ons aan. De zit in de Mercedes is verre van ideaal. De leuning van de toch al harde stoel staat in een oncomfortabele positie om genoeg ruimte te bieden aan de tijdritwielen op de achterbank. Samen rijden we naar Heerenveen.
We hebben een gemeenschappelijk verleden. Zonder dat we elkaar destijds echt gesproken hebben, vonden we in de jaren tachtig en begin jaren negentig een plekje in hetzelfde peloton. We reden dezelfde koersen. Of we het nu hebben over de Ronde van Zuid-Friesland, het criterium van Gouda of over de baanwedstrijden op de wielerbaan van Alkmaar, we weten waar we het over hebben. We bewaren herinneringen aan valpartijen die we net wisten te ontwijken, aan de meedogenloze wind op de dijken tussen Lek en IJssel en aan het afzien op de hobbelige wegen in de Peel. Het schept een band.
Michael was een getalenteerd baanrenner. Achter de rug van zijn vader

werd hij Nederlands kampioen achter de derny's. 'Ik ontmoette haar in 1992, bij een baanwedstrijd in Alkmaar waar mannen en vrouwen reden. Ik vond het heel bijzonder dat Leontien me leuk vond. Ik bedoel, ze was toch wereldkampioen! Ze was een bekende Nederlander, ze stond in tijdschriften, kwam op tv. In Alkmaar hebben we toen met elkaar gesproken. Later hoorde ik dat ze me leuk vond, ik was heel verrast. Via een soigneur van de militaire ploeg heb ik toen contact gelegd. Ja, het is gewoon wat geworden…'

'Valpartij!!' roept de speaker: 'Valpartij in het peloton!'
Een luid ge-'oo' en ge-'aa' golft door het publiek.Verschrikt kijkt Harry zijn vrouw aan. Wie zijn er bij betrokken? Hoeveel liggen er tegen het asfalt? Hoe ernstig zijn de kwetsuren? Ligt Tinus erbij?
'Govver,' murmelt Harry. Hij tuurt over de lange, verlaten weg. 'Govver…'
'Stil 's!' sist Martha. Ze luistert naar de speaker.
'Een viertal dames is achterop geraakt door een valpartij, zo'n acht kilometer voor de finish.
Ze zitten alle vier weer op de fiets, er is geen dokter nodig geweest, en het ziet ernaar uit dat ze de aansluiting met het peloton weer snel zullen vinden…'
'Ja, govver, nu weten we nog niks. Waarom vertelt die vent niet wie erbij lagen… Misschien lag Tinus wel op d'r plaat!'
'Nee, vast niet, dan hadden ze dat wel gezegd…'
'Ja, misschien wel, ja,' bromt Harry. Hij hangt voorover over het hek, vouwt zijn handen en kijkt naar de straat.

Michael rijdt stevig door, één hand rust losjes op het stuur, de ander zet zijn verhaal kracht bij. We rijden constant op de linkerweghelft. 'Hier wordt toch niet gecontroleerd,' zegt hij stellig. 'Ze was toen heel erg gefocust. Met een ijzeren wil werkte ze haar trainingsschema's af. Er was voor haar maar één manier om met wielrennen bezig te zijn, en dat was de manier hoe zij het wilde doen. Op dat moment ben je verliefd en je kijkt ook tegen haar op. Ze is wereldkampioen, wie ben ik dan om te zeggen dat ik vond dat ze extreem bezig is? Ik dacht zelfs dat ik van haar kon leren. Ik wielrende toen zelf ook nog. Het viel me ook niet direct op, ik vond haar gewoon wat te gefocust en te extreem bezig.
In het begin begreep ik het ook nog niet zo goed, wat zich in haar afspeelde. Dan gingen we uit, naar de bioscoop of zo, en dan vroeg ik hoe laat ik haar zou komen ophalen. Zegt ze: "Kom maar om tien over zes." Kom maar om tien over zes? Ik moest helemaal van Rotterdam

naar Boekel rijden, dik anderhalf uur, en dan zegt ze kom maar om tien over zes! Waar heb je het over, man! En dan moest ze ook precies om kwart voor elf thuis zijn, dan moest ik haar thuis afzetten en dan ging ze snel het huis binnen. Kon ik weer terug.
Later begreep ik het pas. Ze leefde volgens een strak schema, en dat wilde ze me nog niet laten weten. Om die tijd at ze haar bakkie yoghurt en zo laat mocht ze van zichzelf weer een bakkie yoghurt eten... Man, ze leefde als een computer. 's Morgens om zeven uur stond ze op. Niet omdat ze dan een wekker zette of zo, maar omdat haar lichaam gillend van de honger wakker werd. Om elf uur ging ze naar bed met de laatste twee milliliter yoghurt en drie stukjes cornflakes... Ja, zo'n lichaam wordt na twee jaar automatisch wakker, en dan werd er weer precies hetzelfde gegeten.
Het viel me op dat als er een training van vier uur op het programma stond, dat ze altijd minder at dan ze die dag zou verbranden... Ik dacht toen al dat ze erg extreem bezig was, dat het niet gezond meer kon zijn.'

Leontien vindt de weg naar de absolute wereldtop. Ze wint wedstrijd na wedstrijd, maar ergens onderweg raakt ze zichzelf kwijt. Niemand heeft echt in de gaten wat er gaande is. Haar onzekerheid en negatieve zelfbeeld plegen een coup. Ze nemen haar leven over en verstoren haar werkelijkheid. Leontien is diep ongelukkig. Zonder dat ze het zelf echt wil, sluit ze zich af van het leven waar ze eigenlijk zo van houdt.
Begin 1992 weegt Leontien nog maar 48 kilo. Hoekstra heeft geen grip meer op haar. Ze slaat door in het extreme. De bondscoach bezoekt de familie Van Moorsel in Boekel. Hij dreigt haar licentie in te nemen, als ze haar manier van leven niet zou veranderen. Leontien is losgeslagen, ze luistert naar niemand. Fysiek en mentaal gaat het mis. Hoekstra zegt dat ze een paar kilo moet aankomen, voordat ze weer aan wedstrijden mag deelnemen.

Geroutineerd stuurt Michael de Mercedes naar Heerenveen. Hij rijdt als een ploegleider die zijn positie verdedigt in de karavaan volgers achter het peloton.
'Dat was ook in 1992 of 1993,' meent Michael. 'Ze hebben toen haar licentie afgenomen, want de doktoren stonden voor een raadsel, dat ze zo kon blijven rijden. Ze zou haar licentie pas terugkrijgen als ze een paar kilo zou aankomen. Nou, dan kwam ze een paar kilo aan, dan kreeg ze haar licentie terug, want de belangrijke wedstrijden kwamen er weer aan, en daar ging ze weer, was ze weer 44 of 46 kilo.'
Michaels ogen drijven weg. Nietsvermoedend was hij destijds als 21-

Afgetraind staat Leontien aan de start van een tijdrit in de Ronde van de EEG *in 1992*

jarige jongen aan een relatie begonnen met een aantrekkelijke, afgetrainde vrouw. Het geluk dat hij met haar hoopte te vinden, was nog ver weg. Zonder dat hij het wist, had hij te maken met een vrouw wier geest verziekt was door een ongebreidelde, zelfdestructieve vermageringsdrang. Een naam had hij er niet voor. Later wel, toen het te laat was, wist iedereen wat haar mankeerde. Anorexia nervosa.

Het wordt drukker aan de finish. Steeds meer mensen zoeken een plaatsje vlakbij de eindstreep. De wielerwereld is klein. Je ziet overal dezelfde gezichten. Aan de overkant van de weg staat een oudere man, dun grijze sliertjes op zijn hoofd, verweerd gezicht. Hij staat er vrijwel altijd. Ik herken hem uit de tijd dat ik zelf nog als renner mijn koersen reed. Hij verschijnt altijd in de laatste minuten van de wedstrijd, een blikje bier en een kroket in zijn hand. Gespannen zoekt hij de lange, verlaten finishstraat af. Voor wie zou hij er staan? Of staat hij er voor de hele wielersport? Ik kijk toe hoe hij een hap neemt en met open mond kauwend, luidkeels een andere wielerliefhebber groet.
'Die vent komt ook altijd. Ik weet niet wie het is, hoor, hij was er ook altijd, als onze Tinus fietste,' zegt Harry. Hij kijkt op zijn horloge. 'Wachten duurt me altijd te lang, hè, maar we kunnen het niet missen, hè? We zijn er altijd bij geweest. Ook in die mindere periode. Ze werd in 1992 weer Nederlands kampioen en wint als eerste Nederlandse renster de Tour de France. Ja, niet alleen het eindklassement, maar ook alle truien, hè? Dus ze wint ook het berg- en puntenklassement en drie etappes. Die slotetappe naar Alpe d'Huez, met die surplace met haar rivale Longo, die ken je toch wel? Dat was zo prachtig mooi, man! Legendarisch!'

'Wel prachtig, maar in die tijd at ze alleen nog maar bonen,' zei Leontiens moeder. 'Zelfs van de ploeg namen ze allemaal blikken bonen voor d'r mee naar de Tour de France. Op een blik bonen reed ze de Tour. We dachten dat het geen kwaad kon, maar ja, het kon dus allemaal wel kwaad... En met Kerstmis hadden we allemaal lekkere dingen gemaakt, maar zodra de tafel werd gedekt, rende Leontien huilend naar haar kamer, want ze wilde er niet aan, bang als ze was om te dik te worden.'
Harry kijkt me glazig aan, alsof zijn gedachten terugkruipen in de tijd. Met wanhoop in zijn stem vertelt hij: 'Ze had oogkleppen op. Ze dacht maar aan één ding, afvallen, afvallen en afvallen! We hadden er geen vat meer op. Wat we ook zeiden. Ik dacht: er is geen beginnen meer aan. Ik dacht dat ze totaal overspannen in een inrichting zou eindigen... zo erg is het geweest!'

We naderen het industrieterrein in Heerenveen. Michael weet de weg. Hij is al vaker bij de materiaalsponsor geweest. Op dit moment wordt er hard gewerkt om de olympische droom van Leontien te verwezenlijken. Speciale fietsen voor de tijdrit op de weg en de wegwedstrijd worden hier ontwikkeld. De baanfiets komt uit Australië. Koga betaalt, spuit en bestickert het frame.
Michael parkeert de auto. Samen met Buis en Barry worden we ontvangen in een smetteloze hal. Leontien is in Nieuwerkerk aan het trainen. Ze bemoeit zich zelden met haar materiaal. Dat is Michaels taak. Op de afdeling waar de fietsen worden ontwikkeld, wordt de kleur voor Leontiens fietsen bepaald. Oranje en wit, de kleuren van de outfit van de Nederlandse deelnemers aan de Spelen. Een uur later zitten Michael en ik tegenover elkaar in een uitgelichte kamer. Buis spiedt over mijn schouder. De camera loopt.
'Ik vond het heel moeilijk met haar. Ze was op dat moment helemaal niet gezellig. Ik dacht dat ze af en toe chagrijnig was of zo, maar dan ga je zien waardoor het komt. Als je normaal een gezellige Brabantse meid bent, die van feesten en lekker eten houdt en je mag van jezelf niet meer eten en niet meer omgaan met mensen, dan word je vanzelf zo. Je zag dat alles moest wijken,' zucht Michael. 'Als het wat te druk voor haar was, dan werd de visite vriendelijk verzocht om in de tuin te gaan zitten, want alles moest wijken voor Leontien en haar programma. Vooral wanneer het etenstijd werd, was ze erg geprikkeld, dan kon je beter tien meter uit de buurt blijven.
Toch was ik gek op haar. Het was ook wel gek om de vriend van Van Moorsel te zijn. Ik weet nog dat ik thuis zat te kijken naar de Olympische Spelen in 1992, die waren in Barcelona. Belde ze me vlak voor de wedstrijd op, ja. Die Spelen werden een ramp. Ze was de torenhoge favoriet, maar ze reed niet goed die periode. Op de baan en op de weg kwam ze kracht te kort. Tinus gaf de schuld hoofdzakelijk aan de sfeer in de ploeg. Die zou slecht zijn. Monique Knol en Leontien liggen elkaar niet… totaal verschillende karakters, maar dat is niet de enige reden, hoor, ze was gewoon moe, uitgeput… vind je het gek, als je zo met je lichaam omgaat. Ze werd 23e en Knol won brons. Daar was Tinus goed ziek van.'

'Ik was ziek in mijn hoofd,' begint ze. Leontien zit op de witlederen bank in de huiskamer van haar schoonouders in Nieuwerkerk. 'Ik viel af om het afvallen, terwijl ik al broodje mager was… maar dan stond ik voor de spiegel en dan keek ik naar mijn buik. Dan hing er nog een los velletje en dan dacht ik dat het nog een vetrolletje was. Dan dacht ik: er kan nog wel een kilootje af, of misschien nog wel meer.

Er waren wel mensen die er wat van zeiden. Mijn ouders, Hoekstra, en anderen, later ook Michael, maar dan dacht ik van wat lul je nou, ik ben toch wereldkampioen, jij wint toch niet de Tour! Ik reed ook bij de Tour gewoon met honger rond. 's Ochtends aten we dan brood, maar die Franse stokbroodjes holde ik helemaal uit, en dan deed ik een klein beetje jam erin. Van de ploegleider kregen we nog energierepen mee. Ik nam ze wel mee, hoor, ik nam er ook een hap van, maar als niemand het zag, gooide ik ze gewoon weg, ja.'
Een journalist die haar in de periode van dichtbij meemaakte, had me verteld dat als de hele wielerploeg spaghetti had gegeten, Leontien altijd naar de wc ging. De man stak als gebaar zijn vinger in zijn keel: 'Het ging er gewoon weer uit.'
'Je kan toch helemaal niet fietsen op een lege maag?'
'Ik wel. Ik negeerde die honger gewoon, op karakter fietste ik er dwars doorheen. Ik reed iedereen naar huis... niet normaal. Ik voelde niets meer, leefde in een soort roes... ik wilde alleen maar magerder worden. Als ik niet zo'n vechtersmentaliteit had, was ik de man met de hamer veel eerder tegengekomen. Ik heb van mijn ouders altijd geleerd om door te zetten en te vechten voor als je iets wilt... niet dat het hun schuld is, natuurlijk, maar dat doorzetten, dat heb ik van hen, ik zette alleen door in iets, wat mezelf sloopte.'
Leontien heeft haar haar strak achterover gekamd en bijeengebonden in een staart. Ze lijkt koel, maar ik voel dat ze nu heel openhartig is.

Een gehavende renster rijdt voorbij. Haar arm en heup zijn bebloed. Zat zij bij de valpartij? Dan kan ze toch niet nu al hier zijn? Harry kijkt Martha vragend aan.
'Die is waarschijnlijk al eerder uit koers gegaan, die heeft ergens binnendoor afgestoken, kijk maar, ze heeft ook geen rugnummer meer op,' luidt haar repliek.
'Als onze Tinus maar heel thuiskomt, vind ik alles best,' mompelt Harry binnensmonds.
'Ze zullen zo wel komen.'

Leontien schuift iets naar voren op de witlederen bank. Ze buigt haar bovenlichaam iets naar me toe. 'Wat ik at, was heel erg uitgekiend, in de ochtend een bakje yoghurt met tien stukjes cornflakes, in de middag vier rijstcrackers, dan ging ik drie, vier uur trainen. Op minder dan 200 calorieën, ja, en dan at ik met het avondeten een hele pan vol bonen, champignons, uien, daarvan moet je erg veel naar de wc. Het laxeert als een gek. Iedereen dacht dat ik goed at, het heeft jaren geduurd voordat de mensen om me heen zagen dat ik eigenlijk ziek

© Herman Harens

Leontiens ouders zijn haar trouwste supporters. Weer of geen weer, pa en ma Van Moorsel staan er altijd.

was... ik ontkende het zelf natuurlijk ook. Ik was mezelf helemaal niet meer. Ik had totaal geen aandacht voor andere mensen.
Mijn zussen hadden net kleine kinderen. Die zag ik nooit... Als er iets leuks was met de familie liet ik het schieten, anders zou ik de volgende ochtend misschien wel een pond zwaarder zijn. Ik mocht gewoon niet eten, van mezelf niet. Dan kreeg ik zo'n stemmetje in mijn koppie, dat zei dat als ik het wel at, dat ik direct weer zwaarder zou worden.'
Grote profrenners als Erik Breukink en Lance Armstrong werden door de honger verrast. De Nederlander verspilde de eindzege in de Ronde van Italië, de Amerikaan wist uitgemergeld de schade te beperken en won nog wel de Tour. Ze waren slachtoffer van de hongerklop! Je lichaam heeft alle suikers verbrand en je kunt alleen nog hopen dat je als een auto zonder brandstof die pruttelend de benzinepomp haalt, ook de finish nog kan bereiken.
Als wielrenner reed ik zelf een klassieker in Duitsland. Door de spanning en het nerveuze verloop van de wedstrijd was ik vergeten op tijd te eten. Er werd zo verschrikkelijk hard gereden, dat ik gewoonweg geen kans zag om überhaupt behalve zuurstof ook maar iets naar binnen te werken.
Twintig kilometer voor de meet was het ineens over en uit. Alle inspanningen om in de kop van de wedstrijd te blijven waren voor niets. Nog voordat ik er erg in had, sijpelde alle kracht uit mijn lichaam. Een gevoel van leegte spatte uiteen in zwarte vlekken op mijn netvlies. Snel greep ik naar een reep in een van de zakjes op mijn rug, wetende dat het leed al was geschied. Op karakter kon ik de groep nog één korte beklimming volgen. Daarna was het echt op. De kramp beet in mijn spieren, ik moest de groep laten gaan. Ik kan me dan ook niet voorstellen dat Leontien uitgehongerd haar grootste overwinningen haalde.

'De kopgroep loopt uit op het peloton!' brult de speaker. 'Leontien Zijlaard-van Moorsel legt haar wil op aan het peloton, of wat daar nog van over is. Ze drukt het tempo, dames en heren, zodat de kopgroep weer een paar seconden uit heeft kunnen lopen!'
'Zie je wel, ze spelen de kaart van Madeleine Lindberg, da's ook een goeie hoor! Leuke meid, ook, zit dit jaar voor het eerst in de ploeg bij Tinus. Uit Zweden komt ze. Nou, dan moet zij maar winnen,' analyseert Martha.
'Nu kan Tinus dat, hè. Een ander van de ploeg een koers laten winnen... God, dat kon ze toen echt niet... ze wilde altijd zelf winnen,' zegt Harry. 'Daarom deed ze ook zo gek met dat eten, hè?'

Bij Leontien ontwikkelt anorexia zich in een korte tijd. Eerst valt ze af om harder te gaan fietsen, maar in dezelfde periode maken negatieve stemmen in haar hoofd gebruik van de veranderende leefstijl en haar onzekerheid, door haar te kwellen met schuldgevoelens in relatie met alles wat eetbaar is.
'Haar overhalen om te eten, helpt niet,' vertelt Martha. 'Ze weigerde ook maar een hap te eten. Zelfs als ik lekker vlees aan het braden was en het hele huis rook ernaar, verbood ze zichzelf ook maar er aan te ruiken. Dan moest ik gauw haar bonen en uien opbakken, liefst met zo weinig mogelijk olie... Soms deed ik stiekem wel wat extra olie door, maar ja...'
Leontien mag van zichzelf niet eten. Ze vlucht naar haar kamertje. Daar zit ze te huilen. Ooit las ik een vergelijking met verkeerslichten. Je ziet het licht op groen staan, dus je weet dat je door kunt rijden, maar voor de anorexiapatiënt staat het toch op rood. De eetstoornis werkt niet logisch. Het is een vicieuze cirkel. De negatieve stemmen leggen Leontien een schuldgevoel op, ze mag niet eten. Ze is onzeker over haar prestaties, ze twijfelt elke keer of ze het wel kan, of ze er wel genoeg voor gedaan, maar vooral gelaten heeft. Deze onzekerheid activeert opnieuw de negatieve klanken, waardoor ze zich nog schuldiger gaat voelen als ze eet, en nog meer gaat trainen om alle calorieën te verbruiken.

De donkere haren van Leontien steken mooi af tegen de lichte bank. Ze zoekt woorden: 'Ik was maar met één ding bezig, niet eens meer met fietsen op zich, maar vooral met afvallen. Ik moest afvallen, al kon ik zelf geen reden verzinnen waarom. Het was zelfs zo, dat als ik 's ochtends 44 kilo woog en 's avonds een pond zwaarder, dat ik net zolang op de hometrainer ging zitten totdat ik weer 44 kilo was... Je weet wel dat je verkeerd bezig bent, en dat je moet veranderen, maar als je al jaren zo leeft, kan je dat niet zomaar. Er is tijd voor nodig.
In dat jaar, 1992, deed ik ook mee aan een televisieprogramma Superstars. Daarin moesten sporters tegen elkaar sporten. We moesten ook zwemmen. Als je dat terugziet, ik kon niet eens uit het zwembad komen, ze hebben me er echt uit moeten halen. Ik heb die competitie niet eens af kunnen maken.'
Ongelooflijk! In dat jaar zou ze haar grootste doel bereiken. Het winnen van de Tour! Ze hongerde zich naar de gele trui. Het staat me nog helder voor de geest. Longo is haar rivale. Iedere etappe zoeken ze elkaar op, dagen ze elkaar uit.
De Nederlandse damesploeg is sterk en gebrand op de overwinning. Hoekstra heeft een hechte ploeg weten samen te smeden, met Leon-

tien als kopvrouw. Leontien wint drie etappes, de groene trui van het puntenklassement en het bergklassement. Bergop is ze iedereen de baas. Alleen Longo kon haar volgen. De laatste etappe is een wielerthriller! Longo en Leontien beklimmen zij aan zij de laatste berg in deze Tour.

De Française wordt tot gekte gedreven. Leontien hoeft alleen maar in haar wiel te blijven om het eindklassement te winnen. Longo stuurt naar links, naar rechts, slingert, ze zet aan, remt weer... Met een surplace schrijven ze wielerhistorie!
Ze perst de laatste kracht uit haar ingeteerde lichaam om Longo in de laatste meters te verslaan. Huilend valt Leontien in de armen van Piet Hoekstra. Als eerste Nederlandse vrouw wint ze de Tour!
Nog geen maand later heerst Leontien ook in de Ronde van de EEG, die door verschillende Europese landen voert. Voor de buitenwereld overstijgt de klasse van Leontien het aardse. Maar de stemmen in haar hoofd zijn somber. Voeding en training obsederen haar leven. De meeste glimlachen op haar gezicht zijn maskers. Ze is eenzaam in haar lichaam.

'Nog twee kilometer voor de kopgroep! Nog twee kilometer te gaan, dan weten we wie de winnares is van de derde internationale damesronde van Drenthe!' klinkt het enigszins vervormd door de speaker. Auto's passeren de streep. Juryleden in donkerblauwe colbertjes stappen haastig uit en spoeden zich naar de jurybus die ter hoogte van de finishlijn staat opgesteld. De opwinding bij de finish is groot. Ook ik merk dat ik nerveus word. Harry en Martha zwijgen. Onlosmakelijk is hun blik verbonden met de horizon. Ik denk aan Leontien.

De diva slaakt een diepe zucht, slaat haar felrode lippen om de rand van een glas bronwater en zakt terug in de bank. Na twee slokken vervolgt ze: 'Ik ben thuis absoluut niet de gezelligste geweest, ik was gewoon agressief. Als de bonen niet klaarstonden als ik na vijf uur trainen thuiskwam, dan sloegen alle stoppen door. Als ik mijn ouders was, had ik mijn dochter het huis uit geschopt, zo van je gaat maar op kamers, zoals je nu doet, doe je maar ergens anders, niet in dit huishouden! Het was voor hen, maar ook voor mij een verschrikkelijke tijd in mijn leven, terwijl ik alles won.
Ik bedoel, ik won in 1992 de Tour de France, maar ik heb het niet gevierd. Ik was helemaal niet bezig met dat ik de Tour had gewonnen, alleen maar met mijn gewicht. Ik was daar dag en nacht mee bezig. In het dorp werd gefeest, heel Boekel liep uit. Er was een vast straator-

kest, de Donderjagers, die kwam altijd, ook vaak naar het buitenland om me aan te moedigen... Ik had heel veel fans. Ik kreeg brieven uit heel het land, verscheen op de televisie, in de bladen. De mensen moesten eens weten hoe ik me voelde. En die arme ouders van me, die goeierds... ze zullen best wanhopig zijn geweest.'

Het gefilterde licht van een spotje strijkt zachtjes langs Michaels gezicht. Op de achtergrond klinken de gereedschappen van de monteurs in de fabriekshal. Honderden Koga's verlaten vandaag Heerenveen.
'Ik gaf echt wat om haar, hoor, maar ik ging elke keer met een rotgevoel naar huis. Ik zat dan echt te balen. Had ik haar thuis afgezet en dan voelde ik me doodongelukkig. Ze was zo obsessief bezig. Op een gegeven moment houdt het gewoon op.
We hadden steeds woorden, of ruzie over haar manier van leven. Ik denk dat de mensen die op die hoek van de straat in Den Bosch wonen, waar we altijd stonden te jengelen en te schelden, wel hebben gedacht, van daar heb je die twee ook weer.
Uiteindelijk heb ik de knoop doorgehakt en het uitgemaakt. Ze was gewoon gestoord. Toen ging Leontien langzaam beseffen dat er meer was dan alleen maar fietsen en op je voeding letten.'

De stemmen in Leontiens hoofd die haar al die jaren hebben belet om te genieten van het leven, worden langzaam maar zeker overstemd door een diepere roep van haar ziel, namelijk een schreeuw om weer geliefd te zijn bij de mensen van wie ze zelf houdt. Leontien is opgestaan. Aan de rand van het glas zit een rode afdruk van haar lippen. Ze kijkt de tuin in, naar de garage. Jaap poetst haar wielen.
'Ik was zo ongelukkig, ik won, was wereldkampioen, winnares van de Tour, maar ik was onaardig tegen iedereen. Ik was niet meer lief voor mijn ouders, voor mijn broer en mijn zussen, de kinderen van mijn zussen, Michael maakte het uit, alles waar ik om gaf, ging kapot.'

Het wordt drukker bij de finish. Steeds meer mensen dringen zich naar de streep. De kopgroep is bezig aan de laatste kilometers van de Ronde van Drenthe. Harry buigt zich over het dranghek. 'Ze moeten zo wel komen!' De knokkels van zijn werkhanden trekken wit weg als hij het hek vastklemt. Martha komt naast hem staan. 'Als ze het maar kunnen afmaken.' Samen zijn ze in spanning. De wielersport is verweven met hun bestaan. Het is ook hun hobby geworden.
Ik neem vast afscheid en klauter over het dranghek. Een paar meter voorbij de finish nestel ik me met een fotocamera aan de zijkant van de weg. Vlakbij staan Joop en Ans Zijlaard. Zij zijn er ook! Joop

zwaait. Ans lacht. Dan richten alle ogen zich op de weg. De kopgroep is begonnen aan de eindsprint.
In de bemodderde vrouw die juichend over de streep komt, herken ik Madeleine Lindberg. De Zweedse renster uit de ploeg van Michael en Leontien maakt haar faam waar. Boekel en Nieuwerkerk aan de IJssel staan te juichen op de tribune. Tinus eindigt breed lachend in het peloton.

Hoofdstuk 5

Op de lange brede weg naar het centrum rijden de auto's opvallend traag. De bestuurders van de vele Lada's en de enkele Mercedessen hebben allen oog voor de uitdagend geklede vrouwen in de bermen. Slanke – vaak op het magere af – Slavische gezichten tuiten hun lippen. Heupen wiegen, zodra we passeren. 'Hoeren en geblindeerde Lada's als afwerkplek. Welkom in Moskou,' zucht ik.

In een busje van de Russische wielerbond rijden we van het vliegveld naar hotel Saljut. In dat hotel verblijven alle wielrenners die deze week meedoen aan de wereldcupwedstrijden op de baan. De week ervoor heb ik tientallen faxen verstuurd naar de Russische hoofdstad om ervoor te zorgen dat ook cameraman Buis en ik in Saljut kunnen overnachten.

Leontien en Michael zijn met de Nederlandse baanselectie een paar dagen eerder naar Moskou gevlogen. Het is half mei, vier maanden voor de Olympische Spelen. Voor de eerste keer dit seizoen ontmoet Leontien haar concurrentes op de drie kilometer individuele achtervolging.

Op de vraag hoe de voorbereiding op de Spelen verloopt, moet hier het eerste antwoord komen. 'Ik moet in ieder geval bij de eerste acht rijden, dan ben ik blij, dan weet ik dat ik op de goede weg zit. Zoveel heb ik dit jaar nog niet op de baan gereden, dus... ik hoef hier nog niet echt te gaan laagvliegen. Het gaat om het gevoel,' heeft Leontien me een paar weken eerder uitgelegd.

We boemelen door de stad. De chauffeur zoekt zwijgend zijn weg in het drukke verkeer. Moskou kent veel oude gebouwen, sommigen grauw en somber. Een beeld dat voldoet aan mijn verwachtingen. Toch schreeuwen ook hier neonletters hun boodschap van de daken. Ons busje stopt in een grijze buitenwijk, voor een reusachtig grijs gebouw.

'Saljut!' zegt de chauffeur vriendelijk. Hij wijst op een portiek, waar doorzichtig plastic voor een deur is gespannen. Argwanend haal ik onze tassen uit de wagen. Dit is het hotel? Naast de dichtgeplakte deur zit nog een deur. Dat is de ingang.

Buis en ik lopen naar binnen. We hebben vrijwel geen bagage. We huren een camera, statief, banden en microfoons bij een tv-correspondent in de stad. We willen het risico niet lopen dat we bij de douane onze banden en camera moeten inleveren. Ik heb er al te veel verhalen van collega's over gehoord.

Bij de receptie van het hotel tref ik een vriendelijke dame. Ze spreekt geen woord Engels of Duits. Ik leun met één arm op balie. Ze kijkt me haast verontschuldigend aan. In ontwapend Russisch probeert ze me uit te leggen, dat ik ergens onderaan een geel papiertje een handtekening moet zetten en dat ik kamer 906 deel met Buis. Ik glimlach en krabbel mijn naam. Voor vijf overnachtingen met ontbijt en diners moet ik iets van 140 gulden (63,50 euro) betalen. Contant. Mijn verontrusting wordt groter. In de loop naar de lift bereid ik mijn collega voor.
'Ik weet het niet, Buis... dit zou wel eens een heel oud, ranzig hotel kunnen zijn... Waren we toch maar in het Novotel gaan zitten,' zeg ik.
'We zitten in ieder geval dicht bij Tinus en Zijl.'
Eén van de vier liften werkt. De anderen weigeren dienst.

De gangen zijn lang en verlaten. Zelfs de geluiden van de straat houden zich schuil. Onze kamer ligt aan het einde van een gang. Ik open de deur. Twee bedden met stoffige, stugge dekens met een groot rond gat in het midden. Een niet-werkende radio met daarop het logo van de Olympische Spelen van 1980, een tv en een badkamer.
Onmiddellijk draai ik de kraan van de douche open. Niets. Geen druppel. Ineens beginnen de buizen te rommelen. Dan spat het water uit de douchekop.
'Dat water komt rechtstreeks uit de Wolga,' roep ik uit. 'Het is verdorie bruin!'
'Is het wel warm?' vraagt Buis.
'Ja, dat wel... wat goor, man!'
Na een paar minuten verliest het water de bruine kleur.
'Zo, de roest is uit de pijp... Jezus...'

's Avonds ontmoeten we Leontien. 'Lekker hotel, hè?'
Ze trekt een vies gezicht. 'Die gore kriebeldekens! Dat het oud is, vind ik niet erg... maar dat het vies is... grrr.'
Michael moppert iets over het eten. Ik begrijp niet goed waar hij het over heeft.
Een halfuur later lopen we door troebele gangen naar het restaurant dat onder het hotel is verborgen. Leontien, Michael en ploeggenoot Anouska dragen dikke jassen.
'Stervenskoud is het daar!'
'Mijn God... Buis, we gaan morgen de stad in. We moeten goed eten,' fluister ik mijn cameraman toe.
Michael en Leontien dragen allebei een plastic tasje in hun hand. Eenmaal binnen in de eetzaal, wordt de inhoud uitgestald. Muesli, brood,

yoghurt. Ik trek mijn wenkbrauwen op.
'Ja, Bassie, het is hier niet te vreten. Je moet afwachten wat je krijgt, maar voor de zekerheid hebben we dit meegenomen.'
Een paar tafels verder zie ik twee vrouwen in jasschort. Haastig serveren ze de maaltijden. Verontrust kijkt Leontien langs me heen, naar de dampende borden.
'Wat is dat?'
Anouska draait zich om. Michael kijkt uitdrukkingsloos voor zich uit.
'Een bal gehakt!' roept Leontien. 'Een bal gehakt...'
'Moet je die vette aardappels zien!' sist Anouska.
'Ik geloof niet dat ik dit lekker vind,' zegt Leontien met een gezicht alsof ze zojuist haar tanden in een citroen heeft gezet.
Zodra de borden op tafel worden gezet, ruikt ze aan het voedsel. De gehaktbal en stukjes aardappel drijven troosteloos in een bad vet. Geen rennersvoer.
'Michael... proef eens.'
'Ja, daaag! Ik zal hier een beetje dood liggen te gaan.'
'Brood?' vraagt Leontien.
'Brood,' antwoordt Anouska.
Voor de derde opeenvolgende avond stillen de rensters hun honger met zelf meegebrachte etenswaar.
We trekken ons terug op de hotelkamer. Buis legt zijn matras op de grond. 'Ik pas niet in dat kinderbedje, man... zo kan ik tenminste mijn voeten kwijt.'
Uitkijkend over de talloze lichtjes van Moskou, vullen we onze magen met koekjes en pinda's.

De VW-bus van Micha, onze gids en chauffeur, staat met draaiende motor voor de uitgang van het hotel. Buis en ik zeulen de zware apparatuur naar de auto.
'Good morning, Micha.'
'Mornink!' luidt zijn antwoord. Hij brengt ons naar de rand van de stad. Daar wacht het beroemde velodroom van Moskou. Leontien en Michael zijn vroeg vertrokken voor de training. Ze zijn eerder weggegaan, omdat de baan dan nog niet zo vol is. Leontien vindt het doodeng om er te trainen als er tientallen renners in de baan zijn.
'You come with us?' vraag ik Micha.
De blonde Rus schudt lacherig zijn hoofd. 'No, no, I wait here... in the car, okay?'
'It can take a couple of hours, so...'
'No, no... it's okay!'

Van veraf lijkt de wielerbaan net een pijlstaartrog, die vanuit de diepte van de oceaan is neergestreken op de grens van de stad. Bij de entree hangen vlaggen, die herinneren aan de Olympische Spelen van Moskou in 1980.
We zien Leontien in de hal. Ze komt net van het toilet. Ze glimlacht: 'Dag mannen!'
De baan is indrukwekkend. Vooral de in Russische letters beschreven reclameborden wijzen me op de communistische historie van dit bouwwerk. Hier zijn grote Russische renners gekweekt, hier hebben ze leren tijdrijden en sprinten. Het hout van de baan bevat nog altijd iets van die oude glans.
Michael en Peter Pieters – de bondscoach voor de baanwedstrijden – zitten op een bankje in de boxen. Kleine, rechthoekige ruimtes aan de binnenzijde van de baan, waar renners zich kunnen verzorgen. Aan de wand hangt een eenvoudig papiertje. 'Netherlands', staat er geschreven.
Het is rustig in de Hollandse box. Morgen zijn de wedstrijden. Vandaag wordt er getraind. Collega-renster Anouska van der Zee draait al enige minuten haar rondjes. Michael draagt de fiets van zijn vrouw naar de baan. Leontien volgt.
'Gewoon rustig je eigen tempo rijden, en een rechte lijn houden!' geeft Michael haar mee.
Onwennig stuurt Leontien naar het Russisch hout.
'Ze is bang,' concludeert Pieters. 'Ongelooflijk, hè? Heb je alles al gewonnen, en dan ben je nog zo bang… bang om te vallen, bang om in de groep te rijden. Ze moet gewoon ríje!'
Michael verliest Leontien geen seconde uit het oog.
'Ze rijdt te laag in de baan, ze moet hoger, nu zit ze precies in het spoor van dat snelle groepje daar… die gasten moeten nu steeds om haar heen.'
Minutenlang blijft Leontien onder in de baan rijden. Af en toe kijkt ze angstvallig over haar schouder en stuurt ze een paar centimeter omhoog. Peter Pieters en Michael schudden lachend hun hoofd.
'Die angst krijg je er bij haar nooit meer uit,' zegt de coach. 'Dat hebben we al opgegeven. Ze is altijd bang dat ze onderuitglijdt, daarom rijdt ze altijd zo hard voorop!'

Een klein uurtje later houdt Leontien de training voor gezien. Michael vangt haar op. Pieters en mecanicien Willy hangen over de balustrade.
'Ik weet niet hoor, het lijkt wel of ik steeds bijna onderuitga. Zijn die banden wel goed?'
De mannen knikken.

'Tinus,' begint Pieters. 'Die banden zijn goed. Iedereen rijdt op die banden. De Belgen, de Italianen, allemaal!'
'Op wat voor een banden reden we vorig jaar, Willy?'
'Deze.'
'Dan is de baan gewoon glad,' zucht Leontien. Ze neemt plaats op het bankje in de box en trekt haar wielerschoenen uit. Uit haar tas haalt ze een biscuittje.
Michael en de baancoach lopen een paar meter bij ons vandaan. De vingers van Pieters tasten de banden van de fietsen aan het rek af.
'De banden zijn gewoon goed.'
'Ja,' zegt Michael. 'Het zit gewoon in d'r koppie, ze heeft gisteren een andere renster horen mopperen over dat het glad is of zo, en daar wordt zij nerveus van. Je kent haar toch?'
'Die ander moet gewoon haar kop houden en Tinus moet gewoon rije!' bromt Pieters met een sappig Noord-Hollands accent.
Tinus tuurt over de wielerbaan. Ze laadt zich op voor morgen.
'Jullie kunnen met ons mee terug naar het vijfsterrenhotel,' zeg ik.
Een tijdje later zitten we bij Micha in de auto. Hij rijdt ons naar een grote supermarkt. Alleen welgestelde Russen kunnen daar kopen. We vinden veel 'westerse etenswaar' in de schappen. Uit vrees voor het sovjetmaal in hotel Saljut vullen Michael, Buis en ik ons karretje. Yoghurt, brood, muesli en frisdrank zijn de voornaamste bestanddelen van hun avondmaal. Buis en ik wagen ons niet meer aan de Saljutkeuken. Michael en Leontien gaan het met de plastic zak in de hand toch weer proberen. Buis en ik trekken die avond de stad in.
Het centrum van Moskou is overweldigend. Verschillende bouwstijlen gedijen hier naast elkaar. Mannen dragen nette pakken, jonge vrouwen zijn er filmsterren. Met opgestoken haar, gekleed in stijlvolle rokken en jasjes paraderen zij door de binnenstad. Ik heb gehoord dat deze vrouwen vrijwel hun hele inkomen besteden aan kleding en verzorging. Laten zien dat je mooi bent, dat je er mag zijn, dat je geld hebt. Het valt me wel op dat ze soms wel mager zijn. Te mager. Wordt ook hen een vals schoonheidsideaal voorgehouden? Ik weet het niet.
Buis en ik vinden een tafel in een restaurant. De menukaart is in het Russisch en in het Engels geschreven. Om ons heen zitten keurig geklede mensen. Ik had speciaal mijn meest casual kleren aangetrokken in veronderstelling dat ik dan minder op zou vallen als westerling. Nu doen we behoorlijk 'underdressed' ons te goed aan zalmfilet en witte wijn. Leontien en Michael slapen al, als we voldaan terugkeren in Saljut.

Moskou baadt in het zonlicht. De Nederlandse baanploeg zit aan de ontbijttafel. Voor Anouska en Leontien staan de plastic zakjes. Vooral

op de wedstrijddag moet er goed worden gegeten. Buis bestudeert het licht in de zaal en plaatst het statief op enkele meters van de etende renners. Ik laat hem zijn gang gaan. We hebben uitvoerig doorgesproken hoe we het verhaal van Leontien in beeld willen brengen.
Ik kijk uit het raam naar de parkeerplaats. De VW-bus van Micha komt precies op de afgesproken tijd aanrijden. Hij brengt ons naar het velodroom.
De wielerbaan is verlaten. Alleen Leontien en Anouska rijden zich warm. Ze concentreren zich op de drie kilometer achtervolging. Vooral voor Leontien is de confrontatie met de andere wereldtoppers belangrijk. De wedstrijd van vandaag geeft een eerste indicatie van haar kansen op de Olympische Spelen.
Ze is duidelijk gespannen. Haar gezicht staat strak en staat niet naar lachen. Op een dag als vandaag leeft ze meer in zichzelf dan gewoonlijk. Nerveus beloert ze haar concurrentes. 'Hier, Mike, Clignet is nog helemaal niet in de baan geweest!'
'Let nu maar op jezelf, Ties. Je zit de hele tijd naar anderen te kijken, je moet het zelf doen... Ga je nu maar warmrijden, je moet over anderhalf uur.'
Michael voelt aan de banden van haar fiets. Met zijn duim duwend op het loopvlak controleert hij de bandenspanning. Vervolgens installeert hij de trainingsfiets van Leontien op de rollerbank.
Leontien staat op en bestijgt de zwart-glimmende fiets. Heel rustig komt het achterwiel in beweging. Om een drie kilometer achtervolging hard te kunnen rijden, moeten de spieren goed zijn opgewarmd. Buis en ik kijken toe van een afstandje. We filmen door een telelens. Michael draagt een klein zendermicrofoontje, zodat we precies kunnen registreren wat hij zegt. Hij wijkt geen moment van Leontiens zijde.

Elke keer vind ik het een prachtig gezicht, hoe Leontien zich voorbereidt op een wedstrijd. Haar olijke gezicht vertrekt zich tot een geconcentreerde grimas. Haar ogen reiken steeds minder ver. De wereld wordt kleiner. Haar handen, haar dijen die vol lopen met bloed, de eerste parels zweet die van haar hoofd glijden en een plasje achterlaten op de vloer. Wat denkt ze? Waarom doet ze dit? Waarom weer een extreem hoog doel, het najagen van de onsterfelijkheid? Is dat het? Ik vind geen antwoord, maar geniet vervuld van mateloze bewondering.
Michael verbreekt mijn dagdroom. Hij is vlak bij Leontien gaan staan. 'Je moet niet steeds aan die anderen denken, je zit steeds om je heen te kijken! Ga nu eens uit van je eigen kracht. Je kunt het gewoon. Niet twijfelen... Gewoon focussen.'

Even vind ik een spoor van onzekerheid in haar ogen. 'Waar ga jij staan, Mike?'
Michaels ogen zoeken. 'Zal ik daar gaan staan? Oh, nee, je start daar, dus dan ga ik daar staan, oké?'
Hij raakt haar heel even aan. 'Heb vertrouwen in jezelf… gewoon focussen.' Dan laat hij Leontien alleen. De sportvrouw duikt onder in haar eigen wereld.

Twintig minuten later stapt ze drijfnat van het zweet van de fiets. Ze stapt de box in.
Gerard, de verzorger geeft haar een droog ondershirt. Leontien ploft op de houten bank en laat haar benen met een glimmend goedje insmeren.
De immer zo modieus en op en top verzorgde vrouw blijft een renster. Ze zit met proppen watten in haar neus te wachten op haar moment. De watten zijn besprenkeld met een mentholhoudende vloeistof. Haar luchtwegen zouden er nog meer open van gaan staan. Op haar rechterborst draagt Leontien een zilveren speldje. Een Mariabeeldje.
'Dat heb ik ooit van mijn ouders gekregen. Ik draag het altijd. Zonder dat speldje rijd ik niet. Niet dat ik supergelovig ben, zoals zij, ik ben wel katholiek opgevoed, maar ik geloof niet in de kerk, maar ik denk toch wel dat er iets is, een engelbewaarder, iets dat mij beschermt, toch?'

Michael kijkt naar het scorebord. De eindtijden van de rensters die voor Leontien zijn gestart zijn bekend. 'God, die Russin, zie je de tijd van die Tchalik, die heeft hard gereden, pff.' Hij schrijft de tijden op in zijn notitieblok.
Leontien is klaar voor haar race. Ze zit weer op de hometrainer. Beheerst houdt ze haar spieren warm. Ze kijkt naar de tribunes. Er zit niet veel publiek. Enkele stoelen in de bovenste ring zijn bezet door soldaten.
Dan klinkt haar naam door de luidsprekers. Willy, de mecanicien, loopt met de fiets over het middenterrein naar de overzijde van de baan. Daar moet ze starten. Op het laatste moment duikt Leontien de box in. Ze graait in haar tas. 'Uierzalf!' roept ze. Met haar vingers lepelt ze in het potje, steekt vervolgens de hand zalf in haar broek. 'Zo, anders blijft er niets van over.'
Op haar reservefiets fietst ze naar de startmachine. Lopen doet ze zo min mogelijk. Willy plaatst het achterwiel van de baanfiets in de machine. De fiets wordt door het apparaat vastgeklemd. Tegelijk met het startschot wordt het achterwiel losgelaten.

Ik heb Leontien nog nooit zo gezien. Ze stapt van haar fiets en loopt de laatste paar meter naar de vastgeklemde tweewieler. Door de blokjes onder haar schoenen loopt ze ongemakkelijk. Haar hoofd is omklemd door een aërodynamische helm. Ze doet me een beetje denken aan een ruimtewezentje.
'Tel jij mee af, Willy?'
De mecanicien knikt.
Peter Pieters stelt zich dertig meter verder op. Michael zit verscholen aan de binnenkant van de baan. Bij het uitkomen van de eerste bocht zal hij haar aanmoedigen.
Leontien snift en veegt met de muis van haar duim haar neus.
'Tien seconden!' zegt Willy. 'Vijf.'
Bij iedere seconde die wordt afgeteld geeft de startmachine een piepend geluid.
'Drie, twee, één, go! Hup! Hup!' schreeuwt Willy. Zijn geluid draagt een paar meter. Dan neemt Pieters het over. Uitgerust met een stopwatch, schreeuwt hij Tinus toe: 'Kom op, aanzetten, alles!!'
Leontien duwt de zware versnelling in gang. Ze blaast en puft. Een drie kilometer achtervolging is een avontuur volgens een vast patroon. Ze weet wat er gaat komen, ze weet dat de pijn komt. Maar wanneer? Wanneer blokkeren haar benen? Kan ze de pijn uitstellen of rijdt ze erdoorheen? Ze moet explosief vertrekken. Geen keus, de eerste winst zit in de eerste meters. Zo snel mogelijk zoekt ze haar topsnelheid. Haar benen zijn gretig. De eerste kilometer is leuk. Ze gaat pijnloos hard. De meters vliegen voorbij, de hartslag kruipt omhoog. Na duizend meter komt het eerste protest. Het hart pompt uit alle macht, maar het lichaam kan de zure afvalstoffen niet meer afvoeren, pijn stapelt zich op in de benen. Het bovenlichaam van Leontien begint licht te schokken. Haar mond hapt naar adem.
'Kom op, versnellen!!' roept Michael hees.
Leontien begint aan de langzame dood. De laatste duizend meter. Trotseert ze de pijn? Kan ze dit tempo volhouden tot de streep? Ze weet dat haar tegenstander ook knokt tegen de pijn. Bovenbenen knappen, longen spatten open.

Buis en ik richten ons op Michael. Gespannen volgt hij de gang van zijn vrouw. Peter Pieters staat stoïcijns aan de overzijde van de baan. Hij kijkt alleen naar het scorebord met de rondetijden.
De bel! Nog één ronde. Leontien buigt dieper over haar stuur. 'Alles!!' schreeuwt Michael.
Alsof ze hem kan horen en gehoorzaamt, blijft ze uit alle macht op de pedalen duwen tot voorbij de streep. Een holle knal klinkt, gevolgd

door nog een knal. De eerste bevestigt de finish van Leontien, de ander van haar directe tegenstander.
Willy vangt Leontien op. Hij neemt haar baanfiets van haar over. Ze rijdt op haar warmrijdfiets terug naar de boxen. Michael knikt. Tinus steekt speels haar tong uit. De spanning is gebroken. Ze is weer een meisje. Ze blijft nog een paar minuten uitfietsen om haar hartslag gecontroleerd te laten dalen en haar spieren te ontspannen.
Het scorebord geeft haar eindtijd aan. Ze rijdt de tweede tijd, 3 minuten en 37,994 seconden. Marion Clignet rijdt een seconde sneller en is daarmee de snelste in deze kwalificatie. De nummers één en twee ontmoeten elkaar in de finale. Leontien moet dus rijden tegen Clignet.
'Mag ik je telefoon?' vraagt ze vlak. Werktuiglijk grijpt Michael naar zijn broekzak. 'Maak het niet te lang, hè?'
Leontien heeft een nummer ingetoetst en wacht op verbinding met Boekel. In het verwrongen stemmetje aan de andere kant herken ik Harry van Moorsel. Martha en hij waren al heel vroeg opgestaan. Harry was nerveus en kon toch niet meer slapen. Ze wisten niet precies hoe laat hun dochter moest rijden. Is het in Moskou nu twee of drie uur later dan in Boekel? Leontien verwijdert de hoorn van haar mond, alsof Harry niet mag horen wat ze zegt: 'Ze hadden de kaars al om halfzes branden...'
Ze lacht geamuseerd.
'Ja, ik ben tweede geworden, netjes hè? Vanavond moet ik de finale rijden. Alleen Clignet reed één seconde rapper als ik. Ja, ja, vanavond voor de eerste of tweede plek. Het ging wel lekker. Ja. Dat hangt af van hoe ik herstel en hoe Clignet herstelt. Maar dit is niet verkeerd, hè? Ja, vanavond moet ik weer rije. Om halfzes, hier, dan is het halfvier of zo bij jullie... Ja, doe ons moederke de groeten en zeg dat als ik vanavond bel dat ik ons mam even pak, dan, oké? Ja, dooeeii, doei, doei.'
Heel even dromen haar ogen weg. Een paar seconden is ze thuis, in Boekel.
'Gaan zij nu de hele dag zenuwachtig zitten te zijn?' vraag ik.
'Ja, joh, ik denk dat Harry zo het dak opklimt met een stuk ijzerdraad, om te kijken of hij de Russische televisie kan ontvangen,' knipoogt Michael.
We staan op. Leontien gaat naar het hotel om te rusten. Buis en ik dwalen af naar de grauwe hotelbar voor een kopje Moskouse espresso. Het hotel is stil. De meeste renners verblijven op de wielerbaan voor hun wedstrijden of liggen in hun kamer. Het restaurant is leeg. Op de witte tafels staan onaangeroerde borden en kopjes. Vrijwel iedereen eet uit een plastic zak.
Vanavond, na de finale, gaan we waarschijnlijk naar McDonalds. Le-

ontien heeft zichzelf een McFlurry in het vooruitzicht gesteld. Dat schijnt een soort ijsje te zijn met chocolade erin.

Tegen de avond brengt Micha ons opnieuw naar de wielerbaan. Ditmaal zitten de tribunes vol. Een paar honderd Russen brengen hun zaterdagavond hier door, kijkend hoe wielrenners hun rondjes draaien. Ze komen voor de finale.

Leontien is op het middenterrein, vlakbij de boxen. Ze rijdt zich warm op de rollerbank. Ze volgt precies hetzelfde ritueel als vanmorgen. Warmrijden, concentreren, klein beetje eten, wat drinken, droog shirt aantrekken, benen insmeren, proppen in de neus, helm op, aërodynamische overschoentjes aantrekken, lik uierzalf tussen de benen, opnieuw warmrijden en wachten.

De directe tegenstander in deze finale is de Française Marion Clignet. Ooit worstelde ook zij met een eetstoornis. Zij is wereldkampioen op dit onderdeel en dus een van de grootste favorieten voor olympisch goud in Sydney. Leontien beloert haar. Tijdens de kwalificatiewedstrijd van vanmorgen was Clignet een seconde sneller dan Leontien. Vreest ze haar? Ze zal tot het uiterste moeten gaan om de regerende wereldkampioene te verslaan.

Willy escorteert Leontien naar de start. Aan de overzijde van de baan klemt Clignet haar achterwiel in de startmachine. Michael staat op dezelfde plek als vanmorgen, aan de binnenzijde van de baan.

Het startschot klinkt. Twee sterke vrouwen hijsen zich in gang. De eerste ronde is voor Clignet. De Française vertrekt hard. Heel even word ik nerveus. 'Kom op, Tinus!' roep ik voordat ik er erg in heb. Buis kijkt me dwingend aan. Zijn wijsvinger kruist zijn lippen en hij maakt een zacht sissend geluid: 'Ssst.' De microfoon registreert alles.

Lang gaan de dames gelijk op. De laatste duizend meter is ingegaan. Wie is harder dan melkzuur? Kan Tinus erdoorheen trappen? Michael schreeuwt. Door alle geroezemoes heen hoor ik zijn stem: 'Kom op, Ties, nu afmaken, finishen!!'

Leontien heeft een sterke eindsprint, weet ik. Kun je nog versnellen als je al bijna drie kilometer nagenoeg maximaal hebt gereden? Adem in en kijken.

De camera van Buis volgt koeltjes de strijd op het hout. Ik vergeet de film, die we aan het maken zijn. 'Kom op!!'

Twee schoten, twee dames gefinisht. Wie eerst? Wie heeft er gewonnen?

In de boxen juicht Michael. Ook Peter Pieters, Anouska en Gerard steken lachend hun handen in de lucht.

'Kom op, Buis, rennen, naar de box!'

Leontien komt zojuist aanrijden. Haar gezicht één brede lach. Ze gaat zitten op het houten bankje in de box. Dankbaar neemt ze de felicitaties in ontvangst.
'Zie je, hoe langer het toernooi duurt, hoe beter het is voor Leontien. Het wordt voor de rensters dan steeds moeilijker om tussentijds te herstellen, en dan komt het aan op knokken en vechten... op karakter,' fluistert Michael me in.
Terwijl Peter Pieters en hij de rondetijden vergelijken, begeleidt Gerard Leontien naar de dopingcontrole. Ze fietst in wandeltempo voor ons uit. Gerard, met een handdoek om zijn nek en een flesje cola light in zijn handen, beent driftig achter haar aan, de diepe gang in, onder de baan door.
'Weet jij waar het is?'
'Nee, hier ergens,' murmelt Gerard. 'Daar loopt iemand.' Hij stapt op een Russisch ogende passant: 'Excuse me, controle medical? Controle medical?'
De man haalt zijn schouders op en loopt door.
'Dank u!' bromt Gerard.
We gaan een gang in. Het licht is vuil. Leontien rijdt voor me. Ik bestudeer haar benen en rug. Ze is magerder geworden. We komen uit bij een dichte deur, waarop een papier is geplakt met de tekst 'controle anti-dopage'. We wachten op de arts.
'Dat ging goed, hè, Tinus?' stel ik.
Op haar gezicht verschijnt een verlegen lachje, dat haar tevredenheid moet verbergen.
'Het moet nog wel sneller, hoor!' zegt ze. 'In Sydney moet ik nog wel drie, vier seconden er van afhalen...'
'Hoe doe je dat?'
'Ja, door heel erg veel op de baan te gaan trainen, achter de brommer, om je benen te laten wennen aan hoge toeren maken...'
'In vergelijking met Mallorca ben je wel afgetrainder, hè, Tinus?' vraag ik voorzichtig.
'Ja, voor de baan ben ik nu super, maar voor de wegwedstrijd moet het nog wel wat lichter zijn.'
'Pardon?'
'Ja, het is ook lastig, voor de baan moet je niet te licht zijn, je moet kracht hebben om drie kilometer te kunnen knallen, maar voor de weg, daar zitten toch een paar klimmetjes in... Ik moet kijken of ik in Sydney in die week tussen de achtervolging en de wegwedstrijd nog een kilootje of één, twee kan kwijtraken.' Ze zet het flesje cola light aan haar lippen. Ze drinkt, zodat ze zo bij de controle kan plassen.
'In één week, twee kilo?'

'Ja, misschien door extra lange duurtrainingen in de bergen, dat ik met de profs meega... dan moet het wel lukken. Het is sowieso een uitdaging om in die tijd om te schakelen van de baan naar de weg. Aan het begin van de Olympische Spelen ben ik helemaal gericht op de baan. Voor een goede achtervolging moet je souplesse hebben, snel de benen rond kunnen draaien, en de weg moet je ook op kracht kunnen stampen, dat is net iets anders. Dat gaan we nu testen. Vandaag op de baan een achtervolgingstoernooi, en volgende week een wegwedstrijd in Stockholm, kijken hoe het voelt, of de beentjes willen.'
'Maar vanavond wil je naar de Mac voor een McFlurry. Dat past dan toch niet?'
'Nee, maar dan ga ik van de week gewoon een paar extra lange duurtrainingen doen, en dan ben ik voor het Nederlands kampioenschap heus wel scherp, hoor. Dan fiets ik het er wel weer af.'
Een jongeman en ongeveer even oude vrouw komen dicht bij ons staan. Het zijn Russen.
'Sorry, we would like to ask you some questions.'
Leontien is blij verrast. Ze glimlacht naar me en wendt zich tot het tweetal dat journalist blijkt te zijn van de Moskouse teletekst. In gebrekkig Engels stellen ze vragen over het wielerleven van Leontien. Ik luister even mee en geniet van de grappige tongval van de renster. Gerard onderbreekt het gesprek: 'De dokter.'
Een grijze heer in een net pak en een charmante vrouw openen de deur en gebaren Leontien en Gerard te volgen. Buis en ik willen met draaiende camera de kamer inlopen, maar de vrouw houdt ons tegen. We besluiten te wachten op de gang.

Leontien en Gerard zijn nog geen drie minuten binnen, als Michael opgewonden komt aanlopen. 'Is ze nog niet klaar?'
'Ze zijn net binnen.'
'Godver... ze moet mee, man! De huldiging gaat zo beginnen!' bromt Michael. Hij loopt naar de deur en klopt aan. Geen reactie. Waarschijnlijk zit Tinus in een ander kamertje en kan niemand het geklop van Michael horen.
Hij stapt met korte pasjes door de gang en kijkt op zijn horloge.
'Kom op, Tinus, pissen.'
Na vijf minuten komen Leontien en Gerard nietsvermoedend naar buiten. Michael stapt op hen af. 'Kom op, opschieten! Je moet het podium op!'
Leontien stapt op haar fietsje en peddelt door de lage gangen naar de tunnel die naar het middenterrein van de baan leidt. Gerard en Michael joggen met haar mee.

Clignet en de Russin Tchalik staan al te wachten. De Française is doorgaans niet zo spraakzaam, maar nu ontstaat er een gesprek. Het onderwerp is het hotel.
'I'll never come back here,' zegt Marion Clignet zacht.
'Me too, the hotel is so dirty, so cold... en what do you think of the diners?' vraagt Leontien.
Clignet trekt een vies gezicht. Heel even glimlachen ze naar elkaar.
De plicht roept. Een Russische vrouwenstem uit de speakers vraagt de rensters naar het podium te komen. Leontien mag het middelste en hoogste platvorm betreden. Behalve een medaille en een bos bloemen, ontvangt ze een Russisch houtsnijwerk. Een grote, zwarte zwaan. 'Net een krantenbak,' zou Leontien later zeggen.
Dan wordt het stil in het stadion. De vlaggen worden gehesen. In de tempel van de Russische wielersport klinkt het Nederlandse volkslied.
'Laat dat in Sydney maar klinken!' zegt Michael.

Een uur later zijn we in het hotel. Er is gebeld met Boekel, waar Harry en Martha hebben beloofd een glas te heffen op deze overwinning. Ondertussen hebben we ons omgekleed om 'uit eten te gaan' bij de lokale McDonalds. Op een kilometer van Saljut, blinkt een grote gele M aan de hemel. Een internationaal symbool voor een vette hap met mondiaal dezelfde kwaliteit.
We lopen. De koers is voorbij, dus er is tijd en reden voor ontspanning. Lacherig, als kinderen die iets gaan doen dat eigenlijk niet mag, naderen we de McDonalds. Ook ik zelf betreed met dubbele gevoelens de 'Amerikaanse-vette-bek'-winkel.
Gerard, Pieter en baanrenner Teun houden een tafeltje bezet. Michael, Leontien, Buis en ik bestellen. De borden in de zaak zijn niet te lezen. Maar door naar de plaatjes te wijzen lukt het ons toch te bestellen. Beladen met hamburgers, frietjes, cola en één McFlurry met M&M's, schuiven we aan bij onze reisgenoten. Na een week slecht eten in het hotel-restaurant is het fastfooddiner voor de renners een delicatesse. Gretig grijpen onze tanden in het melige vlees.
Leontien kijkt toe. Aarzelend zet ze het rietje dat uit de ijsbeker steekt aan haar vuurrode lippen. Ze zuigt en duwt de beker van zich af. 'Oh, nee, dit hoef ik niet,' gruwelt ze.
'Ja, je wilde het zelf!' zegt Michael met volle mond.
'Ja, maar als ik het niet lekker vind, dan ga ik het toch niet opvreten!'

De volgende dag zijn Buis en ik vroeg opgestaan. We willen de metro nemen naar het centrum om een bezoek te brengen aan het Rode Plein, het Kremlin en eens lekker eten in een van de vele restaurantjes

die het Moskouse centrum rijk is.
Een paar renners en rensters van de baanploeg zijn de stad ingegaan. Dit is hun kans om de Russische hoofdstad te bekijken. Het is nog altijd niet eenvoudig om een visum te krijgen voor dit land. Leontien en Michael gaan niet mee.
'Ze is toch klaar, nu,' dring ik aan.
Michael schudt zijn hoofd. 'Nee, we gaan niet mee. Tinus wil vandaag rusten, even losfietsen. Misschien dat we nog even op de baan gaan kijken.'
'Ja, maar, jullie zijn nu in Moskou. Misschien kom je hier nooit meer. De stad is echt schitterend, geloof me. Het is net Parijs uit het begin van de vorige eeuw. Ga toch mee, joh!'
'Tinus en ik komen hier nog wel eens terug, na haar fietscarrière.'
'Ja, vast. Nou, eh, dan zien we elkaar vanavond later of anders morgen vroeg wel.'
'Veel plezier, mannen! En niet alleen maar naar de vrouwen kijken, hè?' lacht Michael vanuit de deuropening.
Buis en ik stappen in de lift. Buiten zetten we onze zonnebrillen op en lopen we opgewekt naar de metro.

In het ochtendlicht van de vroege maandag herken ik het silhouet van Peter Pieters aan de balie van hotel. In zijn knuist heeft hij een stapel bankbiljetten. Op zijn jongensachtige gelaat huist een ondeugende lach.
'Hebben jullie al betaald?' vraagt hij me.
Ik knik en zet mijn tas in de hal bij de andere tassen van de Nederlandse baanploeg.
'Wat dan, kom je te kort?'
'Nee, maar deze Nikita, die kan niet uitrekenen hoeveel roepie's ik moet betalen!'
'Je bedoelt roebels.'
'Ja, die kolere papiertjes.'
Hij richt zich tot de dame achter de balie: 'Wieviel roepie's soll ich bezahlen, ja!?'
De vrouw begint verschrikt allerlei bedragen in te voeren in haar rekenmachine en wenkt een superieur. In de deur van een donkerbruin kantoortje verschijnt een forse vrouw met een zwaargeschapen bril op haar neus.
Pieters kijkt me wanhopig aan. 'Ik sta hier verdorie al een halfuur, wat een troela's. Yes, how many roepies, eh, wieviel!'
Dreigend zwaait hij met de biljetten door de lucht. De vrouwen kijken hem aan. Smekend om begrip. Niemand van ons spreekt Russisch.

Niemand in het hotel Duits of Engels.
'Dit is dus elke keer hetzelfde, hè. Dan denk je, oh, lekker man, de hele wereld overvliegen, beetje fietsen... Ik word hier dus bekant geschift van die roepies. Volgende week moeten we naar Amerika, dan weer naar Mexico, Sydney, en ze hebben overal andere roepies.'
'Roebels,' zucht ik.
'Roebels, knaken, dollars, marken, francs... bij mij is het roepies, anders raak ik helemaal in de war.'
Leontien en Michael komen aangeslenterd. Ze schuiven hun tassen aan bij de onze.
'Lekker geslapen?'
Tinus knikt en kijkt vragend om zich heen. 'Waar wachten we op?'
'Pieters is nog aan het afrekenen.'
'Had hij dat niet eerder kunnen doen?'
'Hij staat er al een uur!'
'Oh.'

Anderhalf uur later worden we afgezet op het vliegveld. We hebben enorm veel bagage. In de tassen zitten allerlei fietsen, wielen, de rollerbank, gereedschappen en kleding. In onze handtas zitten zo veel mogelijk spullen, om het gewicht dat in het laadruim moet zo veel mogelijk te beperken. Bij overgewicht is elke kilo er één.
Willy loopt speurend tussen de bagage door. 'In welke zitten die lichte wielen?'
'In deze, geloof ik,' antwoordt een baanrenner. Hij tilt een tas van de vloer en wiegt haar even op en neer. 'Ja, deze, die weegt niets.'
'Nou, dan geven we die aan die KLM-vrouw, en dan zeggen we dat in al die tassen hetzelfde zit. Dan dragen wij die zware wel zelf naar dat karretje... Anders moeten we veel te veel bijbetalen.'
Pieters grijnst ondeugend. 'Dit geklooi hebben we nu elke keer... Je wordt er soms niet goed van.'
We checken in bij de KLM-balie. De Nederlandse luchtvaartmaatschappij sponsort het team dat naar de Olympische Spelen in Sydney gaat. De eerste tas wordt afgeven. Willy glimlacht gespannen. De blondine weegt de tas, plakt er een sticker op. Een kruier neemt de bagage van haar over.
Willy stapt naar voren met twee zwaardere tassen. Behalve wielen zitten er in deze ook gereedschap. 'This one is the same... these bags are all the same.'
Met een stalen gezicht schuift hij de tassen over de balie. De eerste drie zijn door.
'Dit gaat goed.'

Willy heeft het nog niet gezegd of de kruier komt aanlopen. In het Russisch spreekt hij zijn blonde collega aan. Ondanks het feit dat we ze niet kunnen verstaan, weten we het precies wat er wordt gezegd.
'These bags are not the same!' zegt de vrouw bits: 'All your luggage will stay here, open the bags, we will check the weight!'
Alle tassen worden gewogen. Het maximale gewicht dat we mochten meevoeren, wordt met tientallen kilo's overschreden. Leontien en Michael kijken geërgerd naar het tafereel. Ze willen het liefst zo snel mogelijk naar huis en hebben geen zin in tijdrovend gedoe op een vliegveld.
Peter Pieters is in gesprek met de vrouw van KLM. 'We zijn het nationale cyclingteam, de KLM sponsort ons. We zijn er ook mee hierheen gevlogen? Ook met de KLM, toen hoefden we niets bij te betalen... En nu zeker wel, we zijn dezelfde mensen, hebben dezelfde bagage en vliegen met dezelfde maatschappij. Waar slaat dit op?'
Willy scharrelt rond bij de weegschaal. Hij probeert met zijn voet de waag tegen te houden, zodra de blondine er een tas op plaatst.
De Russin buigt niet. Pieters is pissig. Hij trekt de creditcard en moet voor bijna 7000 gulden (3150 euro) aan overgewicht bij betalen. 'Wat zijn het ook een stelletje eikels, bij de KLM.'
'Godsamme,' klaagt Willy.
Eenmaal in het vliegtuig is alles vergeten. Het Nederlandse cabinepersoneel herkent Leontien onmiddellijk. De stewardess blijft even met haar praten en deelt ondertussen aan ons snoepjes uit.
Michael en Leontien zitten dicht tegen elkaar aan. Michael is moe. De spanning van de afgelopen week is geweken van zijn gezicht. Zijn vrouw staat er goed voor. De eerste grote test is goed verlopen. Een geruststelling, maar aan de andere kant geeft het ook weer meer druk. Leontien is nu de torenhoge favoriet op de drie kilometer.

Hoofdstuk 6

Het was 2 april 1997 toen ik voor het eerst aanbelde bij Leontien Zijlaard-van Moorsel.

Als verslaggever voor een landelijk nieuwsprogramma begaf ik me naar Rotterdam, maar ik sloeg eerder af naar Capelle aan de IJssel. Van een verfrommelde fax las ik het adres: 'Klompéstraat.'

Even later parkeerde ik mijn oude Citroën voor een middelgrote rijtjeswoning in Capelle. Voor me stond een rode bestelbus met daarop in witte letters: VKS, professional cycleteam.

De cameraploeg zou zo wel komen. Ik besloot in de auto te wachten. Enkele minuten later werd er op mijn portierruit geklopt. 'Hé, word wakker! We zijn er al. Laden we alles meteen uit, of gaan we eerst effe handjes schudden?'

Het was Joris. Een jongensachtige cameraman.

Ik belde aan bij de deur die voor mij een hernieuwde kennismaking met de wielersport zou betekenen. Michael deed open. Leontien was zich boven aan het omkleden. Hij herkende me niet. Daarvoor was het ook te lang geleden en waren onze ontmoetingen te onbeduidend geweest. Rugnummers en namen kregen niet altijd een gezicht.

'Nemen jullie het interview op vóór de training, hier in de kamer?' vroeg Michael.

'Nou, eh, nee, niet echt, ik wil Leontien graag spreken op de fiets, dat ik meefiets.'

Michael keek me onderzoekend aan, enigszins verbaasd over mijn voorstel. De meeste wielerverslaggevers fietsen zelf niet.

'Heb jij een fiets, dan?'

Ik knikte: 'Ja, ik heb tot voor vijf jaar terug nog een licentie gehad, ben toen gestopt, gaan studeren, het tv-vak ingerold.'

'Ben je renner geweest?'

'Ja, ik heb nog wel met je gereden, hoor.'

'Ja? Waar?'

'Pfff, waar niet?'

Michaels ogen twinkelden: 'Goh, dit is wel lachen, ja.'

Leontien kwam de trap af. Ze was klaar voor de training: 'Dag, jongens.'

'Hij gaat mee fietsen,' zei Michael wijzend naar mij.

Twee donkere verbaasde ogen controleren mijn onderlijf.

Renners checken altijd elkaars benen. Van veel renners met wie ik zelf heb gereden, kan ik de spiertekening nog voor de geest halen.

'Door het uit te maken en bij me weg te gaan, heeft Michael me aan het denken gezet. Hij heeft me keihard geconfronteerd met mezelf. Ik wist natuurlijk wel dat ik verkeerd bezig was, maar ik kon toen gewoon niet anders. Het is verschrikkelijk moeilijk om ineens weer normaal te gaan doen, normaal te gaan eten. Ik heb het wel geprobeerd, maar het ging niet. Ik mocht het niet, van mezelf.'
In de donkere, bruine ogen van Leontien, glinstert een overwonnen verleden. Ze lijkt sterk. Ze zit voor me in al haar kracht. Haren strak achterover bijeengebonden in een korte staart, lippen vuurrood gestift, donker omrande ogen, haar huid zonnig getint. Hoe is het mogelijk, dat deze vrouw enkele jaren geleden op de rand van geen-wegterug balanceerde? Dat de negatieve stemmen haar handelen bepaalden?
Ik zwijg en laat de stilte van de huiskamer van de familie Zijlaard doordringen tot op de band in de camera. Michael is naar een lunch in het visrestaurant van zijn ouders, Kaat Mossel in Rotterdam. Hij heeft een afspraak met sponsors. Joop en Ans zijn ook uit huis. Leontien zit voor me op de witte bank De camera blijft lopen. Buis en ik hadden dat afgesproken.

Terwijl ik broed op de voortgang van dit interview, denk ik aan de jongere Leontien. Het moet het voorjaar van 1993 zijn geweest. Het seizoen was nog maar net begonnen en bevreesd om het niveau van 1992 niet te evenaren, had ze die winter erg hard getraind. Uren had ze op het smalle zadel doorgebracht. Stond er op het trainingsschema vier uur fietsen, dan reed ze er steevast viereneenhalf. Ze wist precies hoeveel kilocalorieën ze zou verbruiken tijdens haar training, altijd meer dan ze aan voeding tot zich had genomen. Wonderbaarlijk genoeg leek het lichaam het te verdragen. De overwinningen in belangrijke wedstrijden volgden elkaar snel op.
Leontien zucht. 'Ik kon niet meer blij zijn met de overwinningen, ik miste mijn familie, mijn vrienden en natuurlijk Michael, maar ook gewoon mezelf, de goedlachse Tinus... Ik was maar met één ding bezig... knettergestoord was ik.'
Ik kijk hoe haar mond stilvalt en ze vervolgens opstaat van de bank.
'Efkes, plassen...'
Ze loopt weg. Ze is afgevallen. Het is twee maanden voor de Olympische Spelen van Sydney.
De geluiden van machines dringen gelukkig niet door tot onze kamer in de Koga-fabriek. Ogenschijnlijk ontspannen zit Michael voor de camera. Hij is camerageniek. Zijn gezicht bevat de fijne trekken van zijn moeder. Zijn heldere, lichte ogen zijn eerlijk.

'Nadat ik het uit had gemaakt, hebben we elkaar echt een paar maanden niet gezien, maar op een gegeven moment kwamen we elkaar weer tegen bij een wielerkoers. Ik liep langs de kant en zij was zich aan het warmfietsen. Ze ziet me en komt op me af... Het was een bijzonder moment.
Ik stond daar en ze dolde een beetje. De vonk sloeg gelijk weer over. Ze vroeg of ik een keer met haar uit eten wilde. Ik dacht, eten? Een bakje yoghurt zal je bedoelen met drie snippers cornflakes 's avonds om halfelf na de film.
Maar toen ik thuiskwam, belde ze me op en een dag later hebben we wat afgesproken. En inderdaad... ze at een hele pizza op, en het was heel gezellig. Het was weer aan tussen ons. Je zag gewoon dat ze het echt probeerde, en als we samen waren dan ging het ook wel goed, maar als ze dan weer een paar weken weg was met de wielerploeg, en we zagen elkaar die tijd niet, dan was het weer hup... dan ging het weer mis. Achteraf hoorde ik wel dat ze na ons etentje twee dagen in hongerstaking was gegaan en zichzelf iedere dag tweehonderd kilometer straftraining oplegde...'
Michaels gedachten spoelen aan in een andere tijd. Ik dobber achter hem aan. Hij wielrende in die tijd zelf ook nog. Op het onderdeel wielrennen op de baan achter de derny's was hij Nederlands kampioen en een grotere carrière lonkte.
'Ik merkte dat ik me toch ook wel liet beïnvloeden door haar. Haar obsessies werden in zeker zin de mijne... kijk, ik wilde ook dolgraag hogerop. Ik kon misschien wel profrenner worden op de baan. Ik heb toen een paar eetlustremmers geslikt, waarin achteraf verboden stoffen zaten... stom, natuurlijk... maar ja... zij kon trainen zonder te eten, ik niet.'

Een stevige westenwind scheurde de wolken uiteen. De hemel boven Rotterdam werd schoongeveegd. Joris morrelde aan de camera. Leontien zette glimlachend haar helm op haar hoofd. 'Ben je zover?'
'Wacht even!' zei ik. Van de achterbank haalde ik mijn racefiets. Een brusselsblauwe gazelle, waarop ik mijn laatste koersen had gereden. Slanke, stalen buizen, klassieke Campagnolo record-onderdelen. Toen top of the bill, nu in vergelijking met de paarse fiets van Leontien, zwaar verouderd.
'Wat is dat nu voor een museumstuk!' grapte Michael: 'Daar heeft Fausto Coppi nog op leren fietsen, man!'
Joris had de camera op zijn schouder en was alvast in de opengesperde bek van het Chryslerbusje gaan zitten. De geluidsman zat met de hoofdtelefoon op achter het stuur. Michael zou met zijn eigen busje

gaan rijden. 'We moeten eerst naar Nieuwerkerk, naar mijn ouders. Leontien gaat namelijk bij mijn vader achter de brommer trainen!'
'Oh, heerlijk... dat wordt lekker interviewen!' merkte ik op.
Leontien en ik fietsten de straat uit. Ze was dikker geworden. Dikker dan ik haar kende. Altijd nog zat ze als een renner op de fiets. Katachtig.
Ik had geen idee wat zich in de laatste jaren in haar leven had voorgedaan. Ik wist alleen dat ze gestopt was en dat ze twee dagen eerder, op 31 maart 1997, haar eerste overwinning sinds jaren weer had gehaald.
Ze reed naast me. Leontien van Moorsel. Ik zag haar dijen malen, nu ineens van heel dichtbij.
Ik hoorde haar praten. Haar stem klonk zoals in mijn herinnering. Gevoed door een mengsel van bewondering en nieuwsgierigheid bekeek ik haar.

In 1993 staat Leontien op het toppunt van haar roem. In Nederland kent iedereen Leontien en ook ver buiten Europa is haar naam doorgedrongen. Haar posters hangen boven menig bed. Zowel bij mannen als bij vrouwen. Ze verschijnt in televisieprogramma's, zoals talkshows en quizjes en poseert in de bladen.
Zelf had ik de racefiets een jaar eerder in de schuur geparkeerd. Door een reeks zware valpartijen was mijn moraal gebroken en het plezier in deze sport was te veel geslonken om de zware trainingen op te brengen. Van de één op de andere dag verliet ik met tranend hart de wielersport.
Het respect voor renners en rensters is altijd gebleven. Uit eigen ervaring wist ik wat zij ervoor moeten doen en laten. Door de wielersport met rust te laten, verloor ik ook Michael en Leontien uit het oog. Normaal werd je bij de koersen op de hoogte gehouden hoe het de grote namen verging. Ik volgde haar carrière in de sportkaternen. Ik wist nog niets van haar eetstoornis. Ik behoorde tot de buitenwereld.
Haarscherp zie ik de sportbladen uit die tijd weer voor me. De Sport International van september 1993. Leontien staat op de cover. Ze heeft haar tweede Tour de France op rij gewonnen. 'Van Moorsel, dat is zoiets aparts, zoals Cruijff, zoals Merckx.' Leontien wordt de hemel ingeschreven. 'Ongenaakbaar! Super! Vedette!' Iedereen bewondert haar. Collega-rensters willen zijn als Leontien. Ze is een idool. Radio, tv en kranten zijn hoofdzakelijk geïnteresseerd in verhalen die haar grootsheid bevestigen.
Leontien doet eraan mee. In interviews gaat het altijd goed met haar. Ze praat niet over haar zielenroerselen. Ze wordt slachtoffer van de verwachtingen. De druk op haar schouders is groot. Ze móét altijd

winnen, van zichzelf, maar ook van de media. Niemand schrijft over de waanzin in haar hoofd, over de gekte, de niet te stillen honger naar volmaaktheid.
In hetzelfde artikel vertelt de vaste masseur van de nationale ploeg Raymond de Meester dat hij een grote bewonderaar is van het meisje uit Boekel: 'Zo één als Van Moorsel komt er nooit meer. Zij heeft zo ontiegelijk veel talent. Ze heeft gewoon mannenbenen. Dat zei ik jaren geleden al, en toen was ze nog tien kilo zwaarder. Ik voelde het meteen aan de quadriceps. Ze heeft meer spiermassa. Er zijn bij de top van de Nederlandse amateurs, de mannen, geen tien die hier zo omhoog gaan. Elke ochtend is ze ook een halfuur met gewichten in de weer. Ik denk zelfs dat ze er te veel voor doet.'
Achteraf blijkt de uitspraak van de masseur een understatement. Waarschijnlijk heeft ook hij nooit echt geweten wat er in het koppie van Leontien omging, ofschoon hij wel zegt dat Leontien eerder vooral verkeerde dingen at volgens een zelf verzonnen dieet, en zich afzonderde van de ploeg. Volgens hem eet Leontien nu goed en zit ze weer bij de andere meiden aan tafel. Leontien is charmant. Haar lach en uitstraling maskeerden haar ongeluk.
Een van de weinigen die Leontien in die tijd wel doorziet, is Michael. Radeloos was hij. Elke keer wees hij zijn vriendin op de gevolgen van haar extreme manier van leven.
'Ik probeerde van alles... ik zei dat ze gewoon moest gaan eten, dat ze er niet uitzag... Haar hele lichaam raakte ontregeld. Haar karakter veranderde. Je kon er geen pijl op trekken. Dan zei ik dat ze eens normaal moest gaan doen, en niet zo idioot moest trainen en zo weinig moest eten. Maar ja, dan zei ik dat. Tegelijkertijd stonden de kranten weer vol en zeggen tien anderen "Goed zo, Tinus, weer gewonnen, hè?... Ga zo door, vrouwtje!" Ja... en daar stond ik dan... tien keer raden wat ze deed...'

De stemmen in het hoofd van Leontien bleven haar verbieden veel te eten. Na elke hap die niet verantwoord kon worden, legden zij de Boekelse urenlang straftraining op. Ze was in oorlog met zichzelf. Leontien wilde niets liever dan weer Tinus zijn, de opgewekte Brabantse, die geniet van het leven, van haar vrienden en familie. Maar keer op keer werd ze verslagen door de dwaasheid, de hongerstemmen die haar inprentten dat ze nog magerder moest worden. Leontien wilde zo graag weer eten en gezellig zijn. Alleen al om Michael niet nog eens kwijt te raken. Langzaam maar zeker drong het besef door, dat alleen zij zelf haar problemen kon oplossen. Zij moest het doen, maar ze was nog te zwak om de valse stemmen in haar hoofd te negeren.

Ik kijk in de ogen van misschien wel de beste wielrenster aller tijden. Ze zit tegenover me op de bank. Ik voel een diep medeleven voor haar man, Michael. Ik begrijp zijn machteloosheid. Hoe moeilijk is het om tegen je vrouw te zeggen dat ze verkeerd bezig is, terwijl de wereld aan haar voeten ligt, haar adoreert en verleidt er zo mee door te gaan? Michael was de roepende in de woestijn. Weinigen stonden open voor zijn opmerkingen, want er werd gewonnen.

Heel Boekel vierde feest. Een dweilorkest was naar Frankrijk afgereisd om de tweede Tourzege muzikaal te omlijsten. Harry en Martha waren er ook bij. Het weerzien met hun dochter bij de finish op Alpe d'Huez was emotioneler dan andere keren. Gehuld in de gele leiderstrui hoorde Tinus dat Harry het begin van de Tour met hartproblemen in het ziekenhuis had doorgebracht.

'Minder dan een maand na de Tour was het wereldkampioenschap in Oslo,' vertelt Leontien.

Ze heeft zojuist onze glazen met frisdrank aangevuld en ze legt haar arm terug op de rugleuning van de bank.

Buiten, in de garage, zie ik Jaap. Hij staart bedenkelijk naar een van de zwarte racefietsen van de ploeg. Hij heeft een stompje rokend tabak tussen zijn vingers geknepen en krabt op zijn hoofd.

'Oslo... daar werd je wereldkampioen, dus dat was een groot feest?'

'Nou... nee... ik was de hele koers wel sterk, en samen met Longo raakte ik voorop. Met ons tweeën moesten we uitmaken wie er ging winnen... nou... ik won de sprint. Als ik eraan terugdenk, was ik echt maf gewoon.'

'Hoezo?'

'Na de finish was de hele ploeg natuurlijk blij, en we zouden het vieren... Ik ben toen 's middags nog op de fiets gestapt om drie uur bij te gaan trainen, omdat ik bang was dat ik een half glaasje champagne moest drinken of dat ze geen cola light hadden in de kroeg waar we naar toe zouden gaan...'

'Pardon?'

'Ja, ik was zo bang dat ik te veel zou aankomen... ik had geen grammetje meer op mijn lijf, maar ik vond mezelf altijd te dik. Ik wist wel dat het fout was, maar toch... ik kon niet anders. Ik was gewoon niet goed bij mijn hoofd.'

De Chryslerbus met cameraman Joris reed voor ons. Hij zwaaide als teken dat het interview kon beginnen. Ik stuurde dicht langs Leontien. 'Ben je wel blij met een overwinning in een criterium, zoals dat van Breezand? Ik bedoel, gezien je erelijst?'

'Ja! Na alles wat ik heb meegemaakt... ik ben er misschien wel blijer

mee dan met al mijn wereldtitels... Ik heb in zo'n diep wak gezeten... en de overwinning in Breezand geeft me weer vertrouwen... Tinus kan het nog!'
'Ja maar, je hebt de Tour de France gewonnen, je bent wereldkampioen geweest...'
Ze keek me lachend aan. Haar gezicht was opvallend zongebruind.
'Ja, maar toch is het zo. Ik heb tijden gedacht dat ik niet eens meer een toertocht zou uitrijden... vorig jaar nog was het zo moeilijk om weer echt te gaan genieten. Michael en ik zijn deze winter naar Portugal gegaan... ik denk dat ik daar al zevenduizend kilometer heb getraind.'
'Zevenduizend? Is dat niet wat overdreven? Het is pas april.'
Opnieuw de glimlach. 'Tegenwoordig fietsen de meeste toppers veel meer dan vroeger. Ook in het damespeloton...'
'Toppers?'
'Ja, dat is toch wel de bedoeling... ik heb nu een eigen ploegje, VKS, en we willen kijken of we met een paar meiden kunnen doorgroeien naar de nationale top.'
'En jij dan?'
Het was even stil. Het gesuis van de smalle bandjes en het zacht snorren van de kettingen klonken als muziek. Leontien hief haar billen uit het zadel en zette even krachtig aan.
'Ja, ik wil toch ook nog laten zien wat ik in huis heb!'
Ze reed een paar meter bij me vandaan.
'Maar hoe deed je dat toen met Longo? Op de Alpe d'Huez, toen gingen jullie toch stilstaan?'
Leontien lachte. 'Dat kan ik niet meer, joh, dan val ik om!!'
Ik nestelde me weer naast haar. We slingerden over een smal dijkje, langs een door de wind gladgestreken riviertje naar het toenmalige huis van Joop en Ans Zijlaard.

'Ze was al dood, maar ze wist het zelf nog niet, ze zag grauw en had van die groeven over haar gezicht...' zegt Michael binnensmonds.
Het destructieve leven begon z'n tol te eisen. Het seizoen 1993 was ogenschijnlijk een succesvol jaar. De Boekelse leek soms de hemel aan te raken. Alles won ze, de Tour, het Nederlands kampioenschap, ze werd wereldkampioen en grossierde in andere kampioenstruien. De verwachtingen voor het volgende seizoen waren hoog. In werkelijkheid was het fundament onder het succes weggevreten. Vermoeid sloot Leontien het seizoen af.
'Leontien was helemaal aan de lat. Het kon ook niet langer goed gaan,' vertelt Michael. 'Ze kreeg steeds minder zin in wielrennen. Begin 1994 is het ook misgegaan. Geestelijk en lichamelijk was ze gewoon

op. Ze reed een wedstrijd in Frankrijk. Het ging niet goed. Ze belde me op of ik haar kwam halen. Ik in de auto erheen, haar opgehaald. Ze heeft toen een tijdje kalmer aan gedaan.
Na een paar weken pikte ze de draad weer op, maar eigenlijk was het toen al over. Verschrikkelijk! Ze leek wel zo'n uitgehongerd mensje dat je op tv wel eens ziet, over hongersnoden in Afrika. Vel over been. Haar haren vielen uit, haar nagels lieten los, hingen nog aan de laatste stukjes van haar vingers, uit haar mond kwam zo'n rare geur... zo'n hongerlucht... ja, ik kan het je bijna niet uitleggen, je moet het ruiken. Ze kon haar armen en benen haast niet meer bewegen, alles deed pijn en ze wilde eigenlijk alleen maar slapen. Dat was in mei 1994, in de trui van wereldkampioene stapte ze af. Iedereen schrok zich rot.
Harry en Martha wisten niet hoe ze het hadden. Hun dochter was nog nooit afgestapt. Ineens lag het bloot, was voor de mensen die dicht om haar heen stonden duidelijk dat het genoeg was. Het kon zo niet langer doorgaan.
Leontien zag het zelf ook in... ze moest wel. Ze had nergens meer zin in, alles was haar te veel... Mijn God! Eerst hebben we gewoon rust genomen, en heeft ze nog wat rondjes rond de kerk gereden, maar dat hielp niet. Ze moest echt anders gaan leven. De knop moest om.
We konden in een huisje in België van kennissen, en daar zijn we als het ware ondergedoken. Ze wilde zelf ook niet meer. Ze was helemaal op. Het was verschrikkelijk emotioneel allemaal. In het begin is er veel gehuild, natuurlijk. Als ik er nog aan terugdenk. Ze was een heel zielig vogeltje...'
Leontien vindt het nog altijd moeilijk om over die tijd te praten. Voorzichtig kiest ze haar woorden: 'Ik was erg ver heen, totaal geen kracht meer in mijn lijf, depressief, mijn hele lichaam was van slag, ik menstrueerde al een paar jaar niet meer en alles was me gauw te veel. Ik kon geen arm meer optillen.'
Michael ontfermde zich over haar. De wereldkampioene kon bij hem haar kwetsbaarheid tonen. Michael stelde haar gerust. De fiets was niet meer belangrijk. Er stond hem maar één ding voor ogen. Hij wilde dat zijn vriendin weer van het leven zou genieten. Terwijl veel wielersupporters er schande van spraken dat de wereldkampioene afstapte en ineens aan het oog van de media was ontsnapt, toonde Michael zijn liefde en vriendschap.
'We hebben veel gepraat en gewandeld. Het was heel moeilijk... Leontiens lichaam was gewend aan inspanning, dus op sommige dagen werd ze knettergek, haar lichaam vroeg om arbeid. Soms gingen we dan wel wat doen, heel rustig fietsen of zo.
Het belangrijkste was dat ze weer normaal ging eten. En dat is toen be-

gonnen. Ze was zo diep gegaan, als ze zo door was gegaan, had ze hier misschien niet eens gezeten, weet jij veel. Maar gelukkig was ze net op tijd in gaan zien dat ze echt verkeerd bezig was.'

De stemmen in het hoofd van Leontien werden overschreeuwd door het verlangen naar de liefde van Michael, haar familie, en door de hang naar een normaal leven dat in balans is. Bij Leontien was het zwart of wit, in Michael vond ze iemand die haar leerde dat het soms ook grijs mag zijn. Aarzelend, alsof ze stemmen in zichzelf moest bedriegen, begon Leontien weer te eten.

'Ik vertrouwde op Michael,' zegt ze. 'Hij zei dat ik het gewoon moest proberen, dat het dan wel goed zou komen.'

'We gingen toen samen koffiedrinken en dan namen we een gebakje of een ijsje, geen gekke dingen. Nou man, dan werd ze de volgende ochtend wakker en leek wel of haar hele gezicht was opgeblazen of gezwollen! Dan zag je onder de ogen van die kussentjes, heel vreemd… Komt natuurlijk omdat dat lichaam jarenlang geen suikers en vetten had gehad en er totaal niet mee om kon gaan. Het was niet normaal, maar Leontien kwam razendsnel aan. Haar hele lichaam was totaal uit balans… Ik geloof dat ze van 42, 43 kilo in een paar maanden tijd wel dertig kilo aankwam… en dat is later nog meer geworden, maar dat kwam omdat ze weer een beetje doorsloeg de andere kant op. Ging ze ineens twee of drie sorbets eten!! Ja…'

Joop Zijlaard had zijn helm al op, toen hij op me af kwam lopen. Ik herkende zijn karakteristieke verschijning. Dikke buik, brede snor.

'Zo, gaan de journalisten tegenwoordig ook al mee op de fiets? Dat zullen we wel even zien, dan,' lachte hij gespeeld vals. Joop duwde de brommer uit de schuur. Leontien keek toe. Ze nam af en toe een slokje uit haar bidon.

De brommer wilde niet onmiddellijk starten. Joop friemelde aan het benzinekraantje en probeerde opnieuw de motor aan te trappen. De machine sloeg aan. Leontien klikte haar voeten vast in de pedalen.

'Wacht nog maar even, Tinus!' bromde de Snor. 'Eerst even kijken of hij blijft lopen.'

Joop gaf gas en trok met een oorverdovend lawaai op.

'Hij gaat effe warmrijden,' zei Michael.

De camera van Joris volgde het kleine gezette mannetje op de brommer. Juist op dat moment kwam een vrachtwagen van motel Van der Valk de bocht om.

'Dat shot moet erin! Van der Valk is één van onze sponsoren!' riep Michael enthousiast.

Joop kwam aanrijden. De helm vastgeklemd op zijn brede grijns: 'Zag

je die wagen van Van der Valk? Kwam dat mooi uit!'
Vader en zoon Zijlaard lachten.
'Kom, we gaan,' zei Leontien. 'We moeten vanmiddag nog naar de huishoudbeurs in de RAI.'

Voorjaar 1994. Het werd stil rondom Leontien. Het peloton reed zonder haar verder en het leek wel of ze vergeten raakte. In de jaren ervoor rinkelde de telefoon bij de Van Moorsels dagelijks. Journalisten, supporters, sponsors of collega-rensters wilden dan altijd spreken met Leontien.
Harry en Martha hadden hun dochter altijd voorgehouden dat ze met beide benen op de grond moest blijven staan, om te voorkomen dat mensen je laten vallen als het ooit minder goed mocht gaan. Ze waren erg verdrietig om wat hun dochter was overkomen. Er werd niet meer gebeld. Een enkeling vroeg nog wel eens naar de wielerkampioene, maar het leek wel of de roem was vervlogen. Leontien was teruggeworpen op Michael en de familie.
'Michael was soms bikkelhard voor me, hij zorgde dat ik bijna niet meer op de fiets kwam en dat ik weer normaal ging eten... dat ging eerst moeilijk, maar het ging,' vertelt ze me. 'Naar verloop van tijd begon ik steeds meer te eten... ik sloeg weer helemaal door de andere kant op, alsof ik alles in wilde halen wat ik me al die jaren had ontzegd.'
Ik grinnik en moet denken aan een anekdote van haar vader. Volgens Harry kende Leontien in 1995 vrijwel alle benzinepompen tussen Boekel en Rotterdam. Overal kocht ze dan wat lekkers. Kwam Harry bij de pomp in Heeswijk-Dinther en dan vertelde de pompbediende dat hij een dag eerder Leontien ook aan de balie had gehad. Ze kocht dan iets te snoepen, terwijl ze kort ervoor bij haar ouders nog gegeten had.
'Een jaar nadat ik gestopt was met wedstrijdrijden woog ik 85 kilo!! Ik zag eruit alsof ik zwaar onder de medicijnen zat... Prednison of zo. Ik werd op een hele vreemde manier dik, het vet nestelde zich als het ware tussen mijn vel en mijn lichaam in. Je kon er zo met een vinger indrukken. Mijn lichaam kon totaal niet meer omgaan met al die stoffen die ik in geen jaren meer gegeten had.
Voor Michael moet het ook verschrikkelijk zijn geweest. Ik bedoel, we kregen verkering toen ik zeg maar 45 kilo woog, en toen woog ik ineens bijna twee keer zoveel. We waren allebei begin twintig. Ik koerste zelf niet meer, maar ik ging wel vaak met hem mee naar zijn wedstrijden kijken... De renners zeiden dan tegen hem: zet haar toch aan de kant, wat moet je met zo'n dik wijf. Ze ziet er toch niet meer uit! Maar

Michael heeft nooit gezegd dat hij me te dik vond. Hij vertelde me juist dat ik goed bezig was en dat het allemaal wel goed zou komen.Volgens hem moest mijn lichaam gewoon weer wennen aan eten.'

Leontien slaat haar linkerbeen over haar rechter. Ik probeer me voor te stellen hoe 85 kilo Leontien eruitgezien moet hebben. Ze heeft een mooi, karakteristiek gezicht met sprekende ogen. Dat blijft mooi, al weegt ze 100 kilo.

'Ik was doodongelukkig, ook in die periode hoor... Als meisje van 45 kilo was het niets, maar 85 kilo is net zo beroerd. Niets stond me meer leuk, ik kon maatje 42 niet meer aan, ik kreeg enorme borsten... ik vermeed spiegels en winkelruiten. Ik schaamde me zelfs voor mijn lichaam, maar Michael bleef maar zeggen: "gewoon zo doorgaan. Geef het tijd."'

Joris riep iets vanuit de Chrysler. Ik kon hem niet verstaan en ik maakte het gebaar dat hij de camera moest laten lopen. Leontien reed voor me, diep gebogen over haar stuur. Ze vond de luwte achter de brede rug van haar schoonvader. Ik deed verwoede pogingen iets van de windloosheid mee te pikken. Maar al legde ik mijn neus op het stuur, ik zat vol in de wind.

Joop gaf gas, Leontien liet zich meezuigen. De elektronische teller op mijn stuur gaf meer dan vijftig kilometer per uur aan. Mijn benen liepen vol zuur.

Joop keek om en spoorde zijn brommertje aan... vijfenvijftig, zesenvijftig kilometer per uur!

Het werd me te veel, het was te lang geleden...

Leontien en Joop reden van me vandaan. Ik wierp mijn fiets in de bus van Michael.

'Sjonge... ze rijdt verdorie bijna zestig aan het uur!' hijgde ik.

Michael glimlachte. 'Ja, ze is nu lekker bezig. Ze houdt weer van de sport en het gaat goed. Maar eens zien of ze straks van voren kan rijden in klassiekers. Ze moest van heel ver komen, neem dat van mij aan.'

In de wagen lagen enkele bidons, reservebandjes en een grote metalen fietspomp. Op het dashboard een poster van de damesploeg.

'Traint ze veel?'

'Ja, ze is een trainingsdier, altijd geweest. Maar ik trek soms aan wel aan de rem. Het liefst traint ze met mannen, met amateur-renners, die rijden harder, en daar wordt ze sterker van. Om bij de dames de top te halen, moet je rijden als een kerel!' grapte Michael.

Hij stuurde zijn bus de dijk op. 'Zij gaan nog over Gouda, wij gaan binnendoor. Kunnen we ze hier opwachten... Ik hoop dat ze dit jaar vooral lekker met de meiden van de ploeg nog wat overwinningen bij elkaar fietst, de rest komt later wel weer, al gaat het natuurlijk niet vanzelf.'

Veel te zwaar was ze. Leontien moest haar overgewicht onder controle krijgen. Anderhalf jaar eerder moest ze nog leren eten, en zwaarder worden, eind 1995 was het zaak om weer af te vallen. Snoep en vet werden afgezworen. Riskant. De stemmen konden altijd weer opsteken en haar opnieuw tot waanzin leiden.

Leontien fietste een paar keer per week een rondje. Heel rustig. Haar lichaam was zo gewend aan inspanning dat het zelf om meer begon te vragen. Langzaam maar zeker werden de trainingen opgevoerd. Maar ondanks dat ze normaal at, bleven de overtollige kilo's vastgestold op haar lichaam.

'Soms werd ik er moedeloos van, ik at maar vier boterhammen per dag en gewoon avondeten, maar ik bleef tachtig kilo. Ik heb van alles geprobeerd. Montignac, Modifast, ik heb een ontslakkingskuur gedaan in een kuuroord... het hielp allemaal niets. Michael wees erop dat ik rustig moest blijven en gewoon moest eten en trainen... Het lichaam zou vanzelf een balans vinden. Mijn hele stofwisseling was verstoord geweest. Mijn lichaam wist gewoon niet meer wat het met eten aanmoest.

En toch wilde ik weer fietsen. Eerst reed ik gewoon een uurtje, heel langzaam, maar ik ging weer iets langer trainen, en iets intensiever. Ik wilde toch weer meer... het toch weer even voelen hoe het is in een wedstrijd.

Ik miste die sfeer. Dat was toch altijd mijn wereldje geweest. Ik besloot me in te schrijven voor de Ronde van Schijndel... Ik weet het nog goed. De hele dag was ik samen met een vriendin, Trudy. Samen met haar reed ik op fiets naar Schijndel.'

Leontien zwijgt, kijkt even weg, naar Jaap die nog altijd bezig is met de racefietsen in de garage.

'En?' vraag ik.

Ik ken het verhaal, van Harry en Martha, van Michael, van iedere wielerliefhebber met een diepgewortelde bewondering voor Leontien. Zij die altijd in haar zijn blijven geloven, waren er allemaal bij. Ze zagen hoe hun dochter, vriendin of idool werd uitgelachen, werd weggehoond! 'Hé, dikke Tinus! Wat moet dat dikke wijf nog op 'n fiets! Stop er toch mee, vet varken!' klonk het vanuit het publiek. 'Hebben ze bij de wielerbond geen grotere truien en broeken!'

Harry moest zich verbijten. Van woede en onmacht kneep hij zijn

© Herman Harens

Samen met de ambitieuze coach Piet Hoekstra. Hij begeleidde Leontien naar haar eerste overwinning in de Tour Féminin.

© Herman Harens

Zittend achterin de vrachtwagen van de Nederlandse wielerploeg wast de verzorger de benen van Leontien. In de Ronde van EEG in 1991 eindigt de flink vermagerde Leontien als tweede en wint ze 6 etappes.

© Peter Schoonen

Begin jaren negentig valt Leontien meer dan vijftien kilo af. In de magere renster is de gezellige uit Boekel is niet meer te herkennen.

© Herman Harens

De obsessie om af te vallen mergelt Leontien uit. Soms weegt ze amper 42 kilo! Het is voor doktoren een raadsel dat ze met dat lichaampje de zwaarste wedstrijden wist te winnen.

1993. Voor het eerst weer samen, nadat Michael de relatie had verbroken. De vonk sloeg gelijk weer over.

Wereldkampioen, maar diep ongelukkig. Voorjaar 1994.

Tijdens de derde etappe van de AMEV *Ladies Trophee (ex-omloop van het Molenheike) in mei 1994 stapt Leontien af. Haar lichaam en geest zijn verzwakt. Het was alsof ze het debacle voelde aankomen. Bij de start stelde ze zich al op achterin het peloton.*

© Rudie Ottens

Schijndel 1995. Leontien weegt bijna 85 kilo als ze haar comeback maakt in het peloton. Ze wordt uitgelachen en weggehoond door collega-rensters en het publiek.

© Herman Harens

25-10-1995. Samen onverslaanbaar.

Zaltbommel, 20 augustus 1997. Voor het eerst sinds haar comeback mag Leontien zich weer hullen in de nationale kampioenstrui. Ze wint het NK*-tijdrijden vóór Chantal Beltman en ploeggenoot Marielle van Scheppingen.*

© Cor Vos

Oktober 1998. Voor het eerst sinds vijf jaar weer wereldkampioen. Leontien heeft zich teruggevochten uit het dal.

© Bas Steman

Sydney, januari 2000. Leontien ziet af op de steile hellingen rond Sydney. Ze vreest dat dit trainingsparcours een succesvolle deelname aan de achtervolging op de baan onmogelijk maakt.

© Bas Steman

Sydney, januari 2000. Michael Zijlaard is vanaf 1993 de grootste steun in haar leven. Zonder hem zou ze de anorexia nervosa waarschijnlijk niet hebben kunnen overwinnen.

© Bas Steman

Mallorca, februari 2000. In de boezem van haar wielerploeg legt Leontien de conditionele basis voor de overwinningen op de Olympische Spelen.

© Bas Steman

Achter de brede rug van schoonvader Joop Zijlaard traint Leontien het rijden op topsnelheid.

© Bas Steman

Moskou, mei 2000. Leontien rijdt zich warm voor de wereldbekerwedstrijd achtervolging. Michael wijkt geen moment van haar zijde.

© Bas Steman

Moskou, mei 2000. Direct nadat Leontien zich heeft geplaatst voor de finale achtervolging belt ze met haar ouders in Boekel.

© Bas Steman

Moskou, mei 2000. Na dagen eten uit de 'ramp-keuken' van hotel Saljut, hapt Michael dolblij in een hamburger.

© Bas Steman

Sydney, 26 september 2000. Bas, Harry en Martha van Moorsel en cameraman Frank Lodder zijn helemaal klaar voor de olympische wegwedstrijd.

© Cor Vos

Sydney, 26 september 2000, olympisch kampioen!

© Bas Steman

Sydney, 26 september 2000. Een van de mooiste momenten in het leven van Leontien. Zielsgelukkig valt ze in de armen van haar vader, nadat ze enkele seconden eerder als eerste over de streep was gekomen in de olympische wegwedstrijd.

© Frank Lodder

Sydney, 30 september 2000. De familie Van Moorsel geniet van de overwinning in de olympische tijdrit. Leontien heeft de hele wereld laten zien dat ze niet is afgeschreven en dat je topprestaties kunt leveren zonder honger te lijden.

© Bas Streman

Het Holland House viert feest nadat Leontien de wegwedstrijd heeft gewonnen. Ze doopt haar fans met bier. Ploeggenoot Mirjam Melchers kijkt lachend toe.

© Frank Lodder

Zowel voor Leontien als voor Bas zijn de Olympische Spelen één van de hoogtepunten in het leven.

Manchester, 12 september 2001. Totaal uitgewoond stapt Leontien van haar fiets na haar poging het werelduurrecord te verbeteren. Michael Zijlaard en Michael van der Wolf vangen haar op.

knuisten witheet. Het liefst had hij erop los geslagen. Met tranen in zijn ogen hoorde hij aan hoe zijn dochter werd vernederd en beledigd door het Nederlandse wielerpubliek dat enkele jaren daarvoor nog haar naam vierde. Ook de dames in het peloton keken vreemd op van de forse Brabantse. De laatste keer dat zij de kampioene in wielerbroekje hadden gezien woog ze bijna veertig kilo minder!!
Nu stond er een dikke vrouw aan het vertrek. Een strak shirt om haar buik. Je zag de vetrollen. Het oordeel van veel fietsende dames was meedogenloos. Zo'n dikke koe zou niet meer aan de start mogen verschijnen. Wat moest die Van Moorsel nog, haar tijd was geweest.
Maar Leontien was dapper. Ze ging van start, want ze wilde per se die dag haar comeback maken.
De microfonist vroeg haar bij de start of ze dacht de wedstrijd uit te kunnen rijden.
'Ik hoop het. Dat zou al heel mooi zijn,' was het antwoord van Leontien bescheiden.
Het talent ging nog altijd schuil in het worstelende lichaam. De klasse van de grote kampioene sluimerde. Leontien reed de wedstrijd uit in het peloton! Een prachtige prestatie gezien haar situatie. Toch ging ze met tranen naar huis. Ze was niet opgewassen tegen de kritiek van het publiek.
'Ik vond mezelf nog veel te dik Mijn familie en schoonfamilie hebben me dat uit mijn hoofd gepraat. Ik wilde ontspannen werken aan mijn comeback. Er waren veel mensen die om me moesten lachen of die me uitscholden. Er waren er maar een paar die nog in me geloofden, de rest had me afgeschreven... Maar dan kennen ze me niet, die mensen die me uitscholden haalden het bloed onder mijn nagels vandaan... Al was ik diep gekwetst en hadden ze me echt geraakt, ik wist toen, dat ik terug wilde komen, alleen al om die mensen te laten zien dat ik het nog kon! Dat ik niet afgeschreven was!' zegt Leontien krachtig. 'Als ik nu kapot zit, of door de pijngrens moet rijden in een tijdrit, dan word ik extra gemotiveerd om te laten zien wat ik kan. Alleen al om het ongelijk aan te tonen van de mensen die me hebben laten vallen.'
Maar toen was ze diep gekwetst. Ze schaamde zich voor haar lichaam, ze trok zich terug en kwam zo min mogelijk de straat op.
'Gelukkig hebben mijn familie en mijn schoonfamilie het uit mijn hoofd gepraat. Mijn schoonmoeder en mijn vriendin José waren echte maatjes. Ze gingen keer op keer mee naar afslankcentra of naar de sportschool. José zat dan naast me op de hometrainer. Ook ben ik een tijdje in een kuuroord vlakbij Valkenburg gaan zitten, alleen maar om wat kilootjes kwijt te raken. Ik ben gewoon doorgegaan met trainen en heb me zelfs nog voor een paar andere koersen ingeschreven.

Het jaar 1995 bracht ook geluk. Haar relatie met Michael had een stevig fundament. Wat zij met elkaar hadden meegemaakt in een paar jaar, maken de meeste mensen niet mee tijdens hun hele leven.
Bewapend met knuffelbeer en een doos chocolade, vroeg Michael Leontien ten huwelijk. Op 25 oktober van dat jaar kwam er een donkerblauwe Alfa Romeo voorrijden. Michael, netjes in pak, hield het portier voor zijn aanstaande vrouw geopend, waarop zij riep: 'Dat doe je normaal ook niet, joh!!'
In een stoet van netjes gewassen auto's reden de families Zijlaard en Van Moorsel van de Klompéstraat in Capelle aan de IJssel naar hartje Rotterdam. De burgemeester zelf voltrok het huwelijk. Een aantal fotografen van de vaderlandse pers en roddelpers stond met de camera's in de aanslag. Er was zelfs een regionale televisieploeg aanwezig. De oud-kampioene was weer even in beeld.
Leontien en Michael straalden. Het leven lachte hen weer toe, na een lange donkere periode. Onoverwinnelijk stonden ze daar, zij aan zij. Twee keer ja.
De huwelijksreis voerde naar Amerika. Leontien voelde zich er op haar gemak.
'Het enige land waar ik me slank voelde. De mensen daar zijn echt zó dik!'

Al voor het huwelijk had Leontien Boekel verruild voor Rotterdam. In de anonimiteit van de grote stad begon ze met Michael haar nieuwe leven. Heel bescheiden trainde ze een paar keer per week. Veel rustiger dan voorheen, minder gedreven, maar ze reed weer.
'Ik kreeg toch weer zin in het echte wielrennen. Mijn ouders hadden me ook gezegd dat het eigenlijk niet goed is om met zo'n negatief gevoel over deze sport te blijven rondhangen. De wielersport had me zo veel gegeven, en toch had ik er een vervelende smaak aan overgehouden. Ik wilde weer genieten van het fietsen, zoals ik dat vroeger deed, voordat ik anorexia had. Lekker fietsen, lekker trainen...
We zijn de winter van 1995 op 1996 ook naar de Algarve gegaan, in Portugal. Daar organiseerden Michael en ik fietsvakanties, ook om het plezier in de wielersport terug te vinden. Michael was inmiddels ook gestopt met wedstrijden rijden. We hebben er geen dubbeltje aan overgehouden, hoor. Gelukkig werden we gesteund door Hans van Kasteren, van VKS. Het is het begin geweest van hoe we nu samen de ploeg runnen. We zaten daar in een hotel aan zee, en iedere dag zat ik op de fiets.
Eind 1996 begonnen we met een eigen ploegje van VKS. We reden in mooie gele shirtjes... Het stelde nog niet veel voor, in vergelijking met

nu, maar het was weer een begin. Michael werd ploegleider. Ik ging weer meer trainen, en ik probeerde de kilo's kwijt te raken… Op een gezonde manier! Dat stond voorop. Michael lette daar ook goed op. Hij zei dat ik gewoon moest eten en moest blijven trainen. Geen gekke dingen, gezondheid ging voor het succes.'

Aan de horizon verschenen twee stipjes. Een paar seconden later bereikte ook het geluid mijn zintuigen. Een monotoon gesnor van een opgevoerde brommer. Joop zat stoïcijns aan het stuur. Van Leontien zag ik alleen haar onderbenen en voeten. Haar romp en hoofd lagen verscholen achter de brede gestalte van haar schoonvader. Joris filmde de passage.

'Nu snel naar huis. Als we zo rijden, zijn we zeker voor Tinus terug,' suggereerde Michael.
We reden naar de Klompéstraat.
'Je moet maar eens komen kijken bij een wedstrijd. Over een tijdje rijden beginnen de klassiekers,' nodigde Michael me uit.
De deur naar de wielersport stond open. Kijken naar een koers? Dat was lang geleden.
'Lijkt me erg leuk, graag! Zo vaak zie je geen dameswedstrijden, dus…'
'Zeg dat wel, als de dames twee minuten per jaar zendtijd op tv halen is het veel. Toen Leontien nog wereldtop was, kregen we meer te zien. Maar nadat ze was verdwenen uit het peloton was de aandacht van de televisie ook meteen nul komma nul. En dat is klote… Die sponsors willen toch aandacht… het liefst van de tv, zo werkt het toch? We zijn ook erg blij dat jullie zijn gekomen…'
Michael keek me even aan. Ik knikte en bevestigde de verstandhouding. We parkeerden bij het hoekhuis. Joris stapte snel uit en installeerde de camera. Ik nam de fiets uit het ruim van de bestelbus en ging ontspannen wachtend voor de deur staan.
'Daar komt ze!' riep Michael enthousiast.
Leontien kwam de hoek om. Op haar gezicht gedroogd slijm, een spoor van de inspanning.
'Hè, hè, Tinus, ben je daar eindelijk?' vroeg ik gekscherend.
De glimlach barst door het snot op haar wang.
'Volgens mij heb jij een stukkie afgesneden, Bassie.'
'Wie, ik?'
'Moet je dat koppie zien!'
'Dag Tinus, ga maar lekker douchen!'
Leontien sloot de deur achter zich.

We troffen elkaar die middag op de huishoudbeurs in Amsterdam. Leontien met haar haar opgestoken, gekleed in een beige pak, twee goudkleurige mouwophouders. Op een grote kartonnen display herkende ik de renster in de in een zwarte jurk afgeklede vrouw. In haar hand een foto van dezelfde Leontien anderhalf jaar eerder. Schijndel, vetrollen, te strak oranje shirt. Leontien maakte die dag reclame voor Weight-Line.
Een afslankmiddel dat haar naar eigen zeggen had geholpen. Poedertjes in allerlei smaken die je mengt met yoghurt of melk. Het hongergevoel is verdwenen.
'Echt, mevrouw, in vier maanden ben ik achttien kilo kwijtgeraakt, zonder honger,' hoor ik haar zeggen tegen een charmante, slanke vrouw. Wat moet zij met afslankpoeders? Vreemd om Leontien zo te zien. Het zal er wel bij horen. Michael was er niet. Hij zou haar tegen de avond weer ophalen.
Een paar dagen later belde hij me op.
'Mooie reportage, lachen dat die Van der Valk-vrachtwagen erin zat... Wat spreken we af?'
'Ergens volgende maand?'
'Kom maar wanneer je wilt. Je kan met mij meerijden in de koers, in de ploegleiderswagen. Zit je wel tussen de reservewielen!'
Ik werd warm van binnen. Enthousiast bladerde ik in mijn agenda en noteerde met grote letters 'LEONTIEN EN MICHAEL'.

Hoofdstuk 7

Het Limburgse heuvelland oogt onheilspellend. Kleine plukjes renners zwerven over de kronkelende weggetjes rond Maastricht en Bemelen. De zon laat zich niet zien. Diepdonkere regenwolken pakken zich samen boven het decor van de mondiale kampioenschappen wielrennen van 1998.
In de vroege ochtend van de zevende oktober rijd ik op mijn racefiets de Romeinse Maasstad uit om lijfelijk kennis te maken met het treiterende asfalt van het tijdritparcours. Dit is mijn kans om te proeven van wat Leontien vanmiddag krijgt voorgeschoteld.
Frank, de cameraman met wie ik het WK versla, ligt nog te slapen op zijn hotelkamer.
Het parcours is afgezet met dranghekken. Behendig stuur ik tussen de afzetting door en sluit ik aan bij een klein pelotonnetje. Ik herken twee profrenners. De anderen zijn jonger, vermoedelijk junioren of amateur-renners. Het tempo ligt niet hoog. Met de handen rustend op het stuur naderen we de voet van de Bemelerberg, een van de kuitenbijters van dit rondje.
Mijn benen zwellen op, een zeurderige pijn dwingt me een tand lichter te schakelen. Toch kom ik zonder ademnood boven. Heerlijk!

Nadat ze de aansluiting had gevonden bij de nationale top, waren haar ambities voor dit jaar naar boven bijgesteld. In 1998 zou ze de grote sprong voorwaarts maken. In oktober waren de wereldkampioenschappen wielrennen in eigen land, in Valkenburg. Het moment om internationaal te laten zien weer de oude te zijn.
In de winter had Leontien veel getraind. Kilometerslang had ze haar lichaam gehard achter het moordende brommertje van haar schoonvader. De verwachtingen voor het voorjaar waren hooggespannen. Misschien zou Leontien dit jaar zelfs klassiekers kunnen winnen.
Het liep anders. In plaats van de zweep te kunnen halen over het damespeloton, was het Leontien zelf die in de voorjaarswedstrijden werd gelost. Soms kwam ze pas in de derde of vierde groep over de finish. Diep teleurgesteld en vol twijfel stapte ze direct na binnenkomst in de rennersbus.
'Ik doe het niet meer! Zaag die rotfiets maar in tweeën... Ik rijd verdomme met zere poten rond, achteraan in de mongolenwaaier!! Ik zou van voren moeten rijden!'
Opnieuw waren het Michael en de familie die haar opvingen en weer

moed inpraatten: 'Heb vertrouwen Leontien, op een gegeven moment betalen de investeringen zich terug.'

Overal steentjes en modder. De kans op lekrijden is groot. We dalen af naar Valkenburg. Onderaan, in de haakse bocht naar links, ligt verscholen in het asfalt een putdeksel. Met dit weer spiegelglad. Ik wijs de renners om me heen op het gevaar. Voorzichtig sturen we de bocht door. Er staat al publiek! Ik warm me aan een schamel applaus. In mijn ooghoek zie ik nog net het bordje 'Cauberg 12%'. Om me heen kraken de kettingen, wanhopig zoekend naar een soepelere tred.
De Cauberg bijt harder in je kuiten dan de Bemelerberg. Deze klim wordt door Leontien gevreesd. Op het vlakke is ze een van de snelste tijdrijdsters ter wereld, maar hoe snel hijst ze zich vanmiddag naar boven op de Cauberg? Ze zegt dat deze klim haar haar kansen ontneemt. Ik zwoeg omhoog. Ik kan het wiel van een van de jongere renners net houden. De profs dansen van ons vandaan. Zou Tinus al wakker zijn? Zit ze te eten? Waar heeft ze het over met Michael? Hoe voelt ze zich? Is ze er klaar voor?

Half mei won Leontien haar eerste wedstrijd van dit seizoen. Een rondje rond de kerk in Veldhoven. Twijfel maakte plaats voor meer zelfvertrouwen. De overwinningen kwamen. Ze wint meerdaagse wedstrijden en een klassieker. Ook de Nederlands kampioenstrui hing weer om haar schouders. Vanaf het moment dat ze weer de beste renster van het land was, durfde Leontien vooruit te kijken naar het komende wereldkampioenschap in Valkenburg. Zou ze al weer goed genoeg zijn om daar mee te kunnen doen om de prijzen? En over twee jaar, Sydney? Wie weet?
Inmiddels was ze ook weer op de wielerbaan gaan rijden. Ze wint het Nederlands kampioenschap achtervolging in Alkmaar met een nieuw baanrecord en wordt uitgezonden naar het wereldkampioenschap achtervolging in Bordeaux.
Ooit was ze op dit onderdeel al wereldkampioen geweest, zeven jaar eerder, in Japan. Nu reisde ze af naar het WK, zoals ze zelf zegt, als een 'gezonde Leontien'.
Via de kwalificaties plaatste ze zich voor de finale. Ze moest rijden tegen de Australische Lucy Tyler-Sharman. Een boom van een vrouw, die op dat moment te sterk was voor Leontien. Zilver! Leontien en Michael waren dolblij. Iedereen zag dat Leontien weer op de weg terug is naar de wereldtop.

Het volgende doel was de Holland Ladies Tour. Voor het eerst sinds lange tijd werd er in Nederland weer een internationale etappewedstrijd voor dames georganiseerd. De organisatie dreef op een paar enthousiaste vrijwilligers, die de damessport nieuw leven in wilden blazen. Leontien was nog altijd de grote trekpleister. Haar deelname aan de damesronde zou in ieder geval een klein beetje publiciteit garanderen.

Michael had me die zomer opgebeld. 'Die Ladies Tour, hè, dat loopt niet echt. De NOS wil er niets mee... en die ronde moet op tv, voor de sponsoren. Nu hebben ze mij gevraagd of ik jou wilde bellen.'

'Mmm...'

'Is het niets voor Hart van Nederland?'

'Ja, lijkt me leuk, elke dag een reportage en wat wedstrijdbeelden, maar je weet, ik ben maar gewoon verslaggever en niet de grote baas... ik zal het proberen.'

'In ruil ervoor komt de naam van het televisiestation op de sprinttrui, er wordt dus een klassement vernoemd.'

Een paar dagen later stond ik in het kantoor van mijn hoofdredacteur. Hij zat achterover in zijn stoel en gaf af en toe een achteloze tik op het toetsenbord van zijn computer. Een sigaret smeulde in de asbak.

'Alwéér Leontien?' was zijn opmerking.

'Kom op, het is hartstikke leuk, we zitten een week of twee, drie voor het wereldkampioenschap, alle kanshebbers doen eraan mee. Je zult zien, straks baalt de NOS dat ze er niets mee hebben gedaan. En neem van mij aan, er zijn in Nederland veel mensen die geïnteresseerd zijn in Van Moorsel.'

'Ja, maar we zien haar al zoveel, en zo'n damesronde, dat gaat toch nergens over. Hoe denk je het leuk te maken voor ons publiek?'

'Nou, het gaat niet alleen maar om Leontien. Elke dag maak ik een reportage over iets wat in het damespeloton gebeurt, eh, maar dan op z'n Hart van Nederlands... dus de menselijke kant staat voorop. En een flits van de wedstrijd.'

'Hmmm,' klonk het vanuit de draaistoel.

'Bedenk wel, er komt een sprintklassement met een rode trui. Daarop komt het logo van onze zender, en het wordt toch tijd dat de damessport op tv komt...'

'Waar zijn die etappes, hoe laat is de finish?'

'Door heel Nederland, en die finish is meestal laat in de middag.'

'Krijg je die beelden op tijd hier? We sturen er geen straalwagen heen, dat kost te veel geld.'

'Ze finishen wel laat iedere dag, op tv-onvriendelijke tijden, maar ik kan iedere dag zelf wel naar de studio rijden om te monteren,' probeerde ik te overtuigen.

'Ik zal erover nadenken,' murmelde hij, terwijl hij een nieuwe sigaret opstak.

Een kilometer voorbij de top van de Cauberg is de finishlijn getrokken. Warme en koude rillingen rollen over mijn rug wanneer ik me waag aan de finale duizend meter. Ik waan me een renner, uitkomend voor mijn land. Ik geniet van de lege tribunes, de digitale klok boven de weg, de vlaggen, de bordjes die met vijftig meter aftellen naar de meet. Het lint van dranghekken is prachtig!
Kort na de finish staan rijen witte tenten. Ieder landenteam kent een eigen tent. Tijdens de koers zitten hier de verzorgers te wachten op hun renners. Het is privé-domein van de coureurs.
Ik schakel naar mijn grootste versnelling. De weg loopt af naar het dal. Ik zie de kerktorens van Maastricht. De miezerregen hangt als natte vitrage over de stad. Frank zal nu wel wakker zijn.

Een paar dagen na ons eerste gesprek riep mijn hoofdredacteur me in zijn kantoortje.
'We hebben 't erover gehad,' begint hij slurpend aan een plastic bekertje met koffie. 'Je krijgt anderhalve minuut per dag, meer niet...'
'Meer niet?'
'Meer niet. We willen eind deze week een opzet van je hebben over wat je allemaal gaat uitspoken met die meiden, en denk er om... vooral mooie meiden.'
Op de gang belde ik Michael.
'Het is rond! We gaan draaien!'
Twee weken later zat ik bij Michael in de ploegleiderswagen. Achterin, naast Japie, klem tussen de wielen. De Ladies Tour bleek een succes. De hele ronde had ik goed kunnen volgen. Meestal zat ik in de auto bij een van de juryleden, maar op de laatste dag had Michael me gevraagd bij hem in de auto te komen zitten. We hadden een missie.
De finish van de slotetappe van de Holland Ladies Tour was bovenop de Cauberg. De hoofdsponsor van het Opstalan-team van Leontien zat voorin, naast Michael. Zo kon hij de wedstrijd goed volgen.
We zagen de dames afzien op de Limburgse hellingen. We luisterden mee met de aanwijzingen die vanuit de auto via een zendertje aan de rensters van de Opstalan-ploeg werden gegeven. De ploeg van Leontien heerste. De eindoverwinning in deze damesronde door Nederland zou gegund worden aan Elsbeth Vink. Op deze manier wilde Leontien haar ploegmaatje bedanken voor de bewezen diensten vroeger in de Tour de France en tijdens wereldkampioenschappen.
De sponsor keek en luisterde mee. Erg enthousiast was hij niet.

Michael zat met een probleem. Leontien wilde graag doorgaan op de manier zoals ze nu al twee jaar bezig was, met een eigen ploeg. Aan de horizon gloorde het hoogste doel van haar carrière. Voorzichtig werd er gesproken over de Olympische Spelen van Sydney.
Olympisch metaal ontbreekt in de prijzenkast. Om je goed te kunnen voorbereiden op de Spelen is geld nodig. Ook Leontien is nergens als ze geen sponsor achter zich heeft staan, een sponsor die onvoorwaardelijk in haar gelooft en haar steunt.
Voor de laatste etappe van de Ladies Tour kreeg ik van Michael een kleurenbrochure. Rood, met voorop een foto van Leontien, juichend, handen onoverwinnelijk in de lucht gestoken. Het is een foto van drie maanden terug, Leontien wint voor het eerst sinds 1993 weer het Nederlands kampioenschap op de weg. Het is de foto van haar definitieve comeback aan de nationale top. Voor op de brochure staat in witte letters 'sponsorinfo professionele dameswielerploeg 1999'.
'En? Hoe vind je 'm?' vroeg Michael.
'Strak, heel zakelijk.'
Opstalan sponsorde een jaar en had een optie voor nog een jaar.
't Liefst zouden Michael en Leontien een sponsor vinden die tot en met de Olympische Spelen de ploeg wilde steunen.
Het boekje in mijn hand was een soort verkoopbrochure van de wielerploeg. Behalve informatie over enkele rensters, een uitslagenlijst, een opsomming van welke kranten en televisieprogramma's over de ploeg hebben gemeld, staat achterin de prijsopgave.
De hoofdsponsor van de hele ploeg van Leontien zou 360.000 gulden (163.000 euro) moeten meebrengen, een schijntje in vergelijking met een mannelijke wielerploeg. Eén been van Lance Armstrong is al drie keer zo duur als de hele ploeg van een van 's werelds beste wielrensters! Maar toch, de een na de andere potentiële geldschieter liet het afweten. Misschien konden Michael en ik Opstalan wat enthousiaster maken. Dat het bedrijf zich de komende twee jaar achter de olympische aspiraties van Leontien zou scharen en met meer geld op de proppen zou komen. Dat was ons plan.
We zouden de sponsor meenemen in de koers en ik zou terloops vertellen hoe mediageniek Leontien wel niet is, en hoeveel uur ze op televisie was geweest en dat het voor een bedrijf als Opstalan toch geweldig is dat ze zo veel publiciteit krijgt. En zo geschiedde.

De tribunes bij de finish zitten vol. Mijn hartslag loopt op. Een paar minuten geleden is de eerste dame vertrokken voor haar wereldkampioenschap tijdrijden. Ik kijk op mijn horloge. Ze zal nu bij de Bemelerberg zijn. Frank en ik zijn nerveuzer dan de dagen hiervoor.

Op mijn gsm ontvang ik een bericht van Michael. Leontien rijdt zich warm en moet over een kwartier starten. Frank en ik sluipen met camera en statief onder de boarding van de tribune door. We zijn niet geaccrediteerd om ons op het parcours te begeven. Nood breekt wet. Met eigen camera willen we de binnenkomst van Leontien registreren. Op de Cauberg staat een tweede cameraploeg. Vijftig meter voorbij de streep klap ik de poten van het statief uit. Frank draait een shaggie en groet beleefd de cameramensen van de NOS. We wachten.
Mijn ogen speuren over de tribune. Ik herken Harry en Martha van Moorsel, Joop en Ans Zijlaard, oud-ploegleider Peter Post en oud-renner Hennie Kuiper.
Leontien is op de markt in Maastricht. Ze start als een van de laatsten. Ik zie haar voor me. Strak gezicht, feloranje aërodynamische pak, afsluitende helm, tijdritfiets met dicht achterwiel... Ze gaat naar het startschavot. Op het grote beeldscherm bij de finish kunnen we het goed zien. Ze is geconcentreerd. Mijn lippen beven haar naam: 'Tinus! Kom op. Laat zien dat je het kan... Kom op!'
'Vijf, vier, drie, twee, één... go!' zegt de starter monotoon. Krachtig zet Leontien aan, ze schakelt bij en duikt diep weg in de beugels op haar stuur.
'Rijden!!' sis ik.
Ik kan nog net zien hoe de ploegleiderswagen met daarin Michael en bondscoach Jean Paul van Poppel positie kiest, enkele tientallen meters achter de vrouw die hardfietsen op de mooiste manier vorm kan geven. Ze is weg.

De laatste etappe van de Ladies Tour werd verreden op een warme septemberzondag. Keer op keer lieten dames zich afzakken tot bij de ploegleiderswagen om bidons te halen. Jaap hing uit het raam om de plastic flesjes aan te reiken.
Drie keer moesten de rensters de Cauberg over. Al bij de eerste keer sneuvelden er rensters. Met een lege blik in de ogen werden ze uit de wielen gereden. Mijn cameraman, Frank, zat achterop de motor en filmde de dames van dichtbij. Michael zocht me op in de achteruitkijkspiegel.
'Prachtig toch, dat dit vanavond allemaal te zien is op televisie? De hele week al zenden we dagelijks reportages en wedstrijdbeelden uit van de Ladies Tour. Ik denk dat de naam Opstalan bij een paar honderdduizend Nederlanders in de beeldbuis staat gebrand. Ik bedoel, het is de ploeg die het meest in beeld is geweest,' vertelde ik.
De sponsor leek amper te luisteren. Hij mompelde iets: 'Echt hard gaat het niet, hè?'

Dan boog hij zich uit het zijraampje en maakte met zijn handen een spreekbuis voor zijn mond: 'Kom op, meisjes, tandje erbij!'
Ik keek naar Michael. Hij voelde zich zichtbaar ongemakkelijk.
Buiten de auto zag ik het afzien. Vrouwen wanhopig op zoek naar een lichtere versnelling.
'En als ze naar de Olympische Spelen zou gaan, nou, dan neemt de aandacht voor Leontien alleen maar toe,' vulde ik aan.

Een helikopter hangt als een biddende vogel boven een prooi. De camera vindt Longo, bezig aan haar tijdrit. De oude rivale van Leontien fietst nog altijd. Uit de speakers bij de finish komen de tussentijden. Leontien is het meetpunt nog niet gepasseerd. Waar blijft ze?
De roffelende rotoren overstemmen het geluid uit de speakers. Tussentijden ontgaan me. Frank zuigt zenuwachtig aan zijn shaggie.
'Wanneer stop je met roken?' plaag ik.
'Na vanmiddag,' luidt zijn nietszeggend antwoord.
Het beeldscherm vertoont Leontien. Opwinding golft over de tribunes.
'Kop dicht! Daar is ze!' roep ik.
Op de grote versnelling, krom gebogen, handen in de beugels. De witte schoenen gaan snel rond. Hoe hard gaat ze? Vijfenveertig, vijftig per uur? Geen idee. Hoever moet ze nog? Waar blijft verdomme die tussentijd?
Daar is Longo!! Wat is haar tijd?
Frank tuurt door de zoeker van de camera.
'Dit is mooi, man, zo'n teleshot...'
'Jeannie Longo... 32 minuten en 13 seconden!'

Nog één keer de heuvels in en de eerste Holland Ladies Tour zat erop. Elsbeth Vink reed in de kopgroep. Ze was duidelijk de sterkste bergop, maar zou ze ook de stalen zenuwen hebben om de wedstrijd af te maken? Michael, Jaap en ik bespraken opgewonden de te volgen koerstactiek.
'Ze moet ter hoogte van het kapelletje, bij die begraafplaats demarreren. Daar is de berg het steilst.'
'Of aan de voet, dan schrikt iedereen zich de tering.'
'Met het risico dat ze zelf te vroeg stilvalt en dat de anderen kunnen terugkomen.'
Michael pakte de microfoon van de zender.
'Kom op Vinkie, straks keihard gaan, bij die begraafplaats! Jij moet het afmaken. Leontien houdt achter je de benen stil!'
De sponsor keek toe. 'Ze moet wel winnen.'

Nog een paar kilometer.
'Morgen zullen de kranten weer vol staan met de dames van Opstalan,' poogde ik.
De rijke, blonde man schuin voor me keek op zijn gouden horloge. We stuurden de laatste beklimming op. Nerveus keek Elsbeth om zich heen.
'Nu niet zenuwachtig doen,' siste Michael.
Het werd stil in de ploegleiderswagen. We keken allemaal toe hoe Elsbeth op de afgesproken plaats versnelde. Niemand kon haar volgen. Ze had direct zo'n grote voorsprong dat de eindzege in de Holland Ladies Tour haar niet meer kon ontgaan.

Leontien begint aan de Cauberg. Ze heeft de snelste tussentijd. Het verschil is echter miniem, slechts één seconde ligt ze voor op de Russin Zabirova! Ik bijt op mijn laatste stukje nagel.
Hoe komt ze deze steile heuvel over? In de weken voor het kampioenschap heeft ze overal verteld dat het parcours niet geschikt was voor haar. Het liefst rijdt ze een tijdrit op een vlakke snelweg. Dan kan ze haar volle vermogen kwijt, voor het geklauter acht ze zich te zwaar.
Ze hoopt bij de eerste tien te eindigen. 'Ik weet al hoe het is om wereldkampioen te worden, in gedachten ben ik al veel meer bezig met de Olympische Spelen,' zegt Leontien in een wielerblad. Ik weet het niet. Misschien brengt ze dit soort verhalen de wereld in om de hooggespannen verwachtingen te temperen.
Wie komt daar binnen?
De Duitse, Kupfernagel? God, die gaat hard!
Wat is haar tijd? Ze is de snelste, 31 minuten, 53 seconden!
Het beeldscherm laat de tijd maar even staan. Snel wordt er overgeschakeld naar de vaste camera's op de Cauberg.
Daar is ze! Leontien! Jezus, wat trapt ze zwaar! Zou ze daarover hebben nagedacht? Michael zou het toch wel met haar hebben doorgesproken? Mijn God, als ze maar vaart houdt!
Ze ziet af, maar de duizenden monden schreeuwen haar door de pijn heen. Kom op! Alles uit de kast! Doe het! Laat iedereen die je heeft uitgelachen maar zien dat je er weer bent! Tinus!!
Nog één kilometer! Frank is één met zijn camera. Hij lijkt emotieloos. Ik weet welk shot hij maakt. Ik weet wat hij ziet. De camera is ver ingezoomd op het oranje vlekje, duizend meter van ons vandaan. Ik zie de handen van de honderden toeschouwers rammelen op de reclameborden. De wind draagt haar gescandeerde naam tot bij ons. Kippenvel, tranen achter mijn ogen. Mijn lippen trillen.
Oh, Tinus!

Even denk ik aan Michael. Hij sterft duizend doden in die auto. Door een megafoon spoort hij zijn vrouw extra aan. Wat kan een kilometer lang zijn. De klok boven de meet slaat gewetenloos de seconden weg. Kom op!
'Daar is ze!' roep ik hees. 'Daar is ze!'
Ik zie haar naderen. Haar gezicht een grimas. Happend naar zuurstof, naar de bevrijding, naar de verregende kalklijn waar wij staan.
Leontien vliegt over de streep, ze zwenkt vermoeid naar links om een paar fotografen heen.
'Rennen! Naar de boxen!' roep ik naar Frank.
Boven de weg hangt haar eindtijd... 31 minuten, 51 seconden en 14 honderdste... Ze is de snelste tot dan toe. Alleen Zabirova moet nog finishen. Sowieso zilver!
Frank rent met de camera, ik heb de microfoon. Het statief blijft achter bij de streep.
Leontien rijdt langs de witte tenten. Ze keert om. Een verzorger van de wielerbond vangt haar op en wijst haar naar de tent van Nederland. Opgefokte fotografen beletten haar de doorgang. Ik sta ertussen. Frank ben ik kwijtgeraakt in de chaos. Aan de grond genageld wacht ik op de binnenkomst van Zabirova. De speakers staan ver weg. Ik vang op dat Zabirova aan een zinderende laatste kilometer was begonnen. Wat is haar tijd?
Terwijl Leontien de tent inrijdt en wordt gevolgd door hordes journalisten, hoor ik de tijd van Zabirova... 31 minuten, 51 seconden en 51 honderdste... dat is... dat is... Leontien! Je hebt goud! Je bent wereldkampioen!! Ik wurm me de tent binnen. Ik zie Frank, hij staat vooraan en filmt hoe Leontien roept: 'Michael! Waar is Michael?!!'
Fotografen duwen Frank weg. Zijn ogen spuwen vuur. 'Rot op, man, doe normaal!!'
Een cameraman wil met motorfiets en al de tent inrijden. Hevig claxonnerend stuurt de motard de meute in. Zijn ze gek geworden?
Daar is Michael. Leontien valt in zijn armen. Michael ziet er vermoeid uit. Hij vindt me in de drukte. Ik lach en roep: 'Zijl, ze heeft goud, man!'
Hij knipoogt naar me. Dan houdt hij zijn armen weer om zijn vrouw. Hij probeert haar af te schermen van de hongerige fotografen. Een official legt Leontien uit dat ze naar de huldiging moet.
Frank en ik lopen de tent uit. Fotografen sprinten inmiddels terug naar de finish, waar het podium is opgebouwd. Michael loopt naast me. Mijn microfoon luistert mee met ons gesprek.
'Een gekkenhuis, je zit daar maar in die auto. Honderdvijftig meter voor de finish werden we van het parcours afgeleid. Daar sta je dan.

Op de koersradio hoor je dan de tijd van Leontien. Op dat moment de eerste tijd, maar je weet ook hoe hard Zabirova rijdt... We zijn in de auto blijven zitten om naar de radio te kunnen luisteren. Toen bleek dat ze wereldkampioen was, vielen Van Poppel en ik elkaar in de armen. Toen ben ik uitgestapt en gaan rennen, als een speer naar de boxen. Dan valt ze in je armen, erg emotioneel... dit is toch helemaal te gek, na alles wat ze heeft meegemaakt, hè Bassie...'
Een verzorger onderbreekt ons: 'Kom mee, Michael, anders mis je het jongen!'
Michael loopt van ons vandaan. Frank is door het dolle heen: 'Ik heb het helemaal, de finish, het gedoe in de boxen, alles!'
'Behalve een quote van Leontien,' constateer ik.

Bij het podium drommen honderden mensen samen. Op de tribune vallen Harry en Martha elkaar in de armen. Joop en Ans Zijlaard en Peter Post staan met de tranen in de ogen, als Leontien opkomt. Ze zwaait naar het publiek en laat zich hullen in de regenboogtrui van de wereldkampioene tijdrijden. Het volkslied maakt iedereen stil. Na de huldiging wordt ze weggeleid naar de kleedkamers.
Frank en ik staan op haar te wachten. Ze moet ons zo passeren. Ik praat met Jaap, de mecanicien. Hij heeft de oranje fiets waarop zojuist is gewonnen. 'Een concorde, superlicht, die buizen zijn zo dun, het zijn net bierblikjes, je kan ze zo inknijpen...'
Een groepje mensen komt aanlopen. Tussen de officials herken ik Leontien. De mannen schermen haar af van vragenstellers en fotografen. Ook ons wachten zou vergeefs zijn geweest, als Leontien niet breed lachend riep: 'Bassie, jij wil me vast wel iets vragen?'
Ik kom niet veel verder dan standaardvragen over hoe ze zich voelde, hoe ze de race beleefd heeft.
'Dit is mijn mooiste trui!' zegt ze.
'Op naar de Baileys!' stel ik, refererend aan de koffielikeur.
Een brede lach antwoordt: 'Zeker weten! Op naar de Baileys!'
Dan duwen een paar stevige handen haar in de richting van de kleedkamers, als een klein meisje dat veilig wordt thuisgebracht.

Valkenburg viert feest. Kroegen blijven open en het bier stroomt tot ver na middernacht. Leontien is terug naar het hotel. Het licht op haar kamertje is gedoofd. Zaterdag moet ze weer fit zijn voor de wegwedstrijd.
Frank en ik zijn teruggereden naar Maastricht.
'Die Longo laat zich wel kennen, hè? Moet je horen...' lees ik van een televisiescherm. Ze heeft gezegd dat het niet kan wat Leontien heeft

gepresteerd. Ik citeer Longo: 'Het wereldkampioenschap tijdrijden voor vrouwen was een koers voor dikke koeien. En de vetste van allemaal, die met vijftien kilo overgewicht aan de start verscheen, was de snelste. Twee jaar niet fietsen en nu vijftien kilo zwaarder dan voorheen wereldkampioen worden. Ze moeten haar plasje maar direct in de Maas gooien!'

Die opmerking van Longo zet Leontien op scherp voor de wegwedstrijd, die drie dagen later gehouden zal worden. Leontien is furieus: 'Ik heb er keihard voor gevochten om terug te komen. En als ik opnieuw wereldkampioen word, zegt Longo dat ik doping heb gebruikt en nog steeds een vet varken ben. Ik zei toen niets, maar op de fiets zal ik haar het leven goed zuur maken.'

Longo krijgt geen meter ruimte van Leontien. Zodra de Française iets versnelt, duikt Leontien in haar wiel. Die dag is Van Moorsel duidelijk de sterkste van het peloton. Ze rijdt soms een volle ronde op kop, in de veronderstelling dat ze daarmee ploeggenoot Elsbeth Vink een dienst bewijst. Maar de kou en regen hebben een verlammende werking op Vink.

Leontien moet de wedstrijd zelf proberen af te maken, terwijl ze al veel van haar krachten gevergd heeft. In een spannende sprint komt alleen de Litouwse Diana Ziliute langszij. Leontien wint zilver in de wegrace.

's Avonds vieren we feest in motel Heerlen. Er wordt gelachen en gedanst. Ik kijk naar Leontien. Ze is zwart gekleed, heeft een glas likeur in haar hand. Lachend schudt ze haar heupen. Ze is weer helemaal terug aan de wereldtop.

Alleen een olympische medaille ontbreekt. Het zou een mooie film kunnen zijn, een jonge vrouw die van hoog valt, van ver terugkomt, wereldkampioen wordt en alles op alles zet om een olympische medaille te halen. Het idee laat me niet meer los.

Twee weken na het wielerfeest in Valkenburg raast er een verwoestende storm over Nederland. Ik ben net wakker en smeer een paar boterhammen. Over de stoel hangen mijn fietskleren. In de hal staat mijn mountainbike, zeewaterproof. Ik heb de hele fiets ingespoten met siliconenspray en gaatjes dichtgesmeerd met vaseline en vertrek over enkele minuten naar Scheveningen om samen met Michael deel te nemen aan een mountainbikewedstrijd over het strand. Leontien is door de organisatie uitgenodigd om te komen rijden. Ze hebben de wereldkampioene graag aan de start.

De radio meldt windkracht 10. Ik zet mijn fiets op de auto.

Telefoon. Michael.

'De strandrace gaat niet door. We zijn net gebeld door de organisatie.

Het is te gevaarlijk met deze storm.'
'Dan kom ik wel koffiedrinken, oké?'
Een paar uur later sta ik op de stoep. Michael doet open. 'Lekker weertje, hè?'
'Nou, maar goed dat we niet zijn gaan fietsen.'
Van boven klinkt het monotone gezoem van een hometrainer.
'Leontien is boven.'
We lopen de trap op. Badend in het zweet zit Leontien op de hometrainer.
'Nog een minuutje,' hijgt ze.
'Is ze dan klaar?' vraag ik aan Michael.
'Nee, dan zit deze interval erop. Hoe lang moet je nog, Ties?'
'...' hijgt ze. 'Nog een uurtje... dan heb ik drie uur getraind...'
Ik kijk haar aan en wijs met mijn vinger naar mijn voorhoofd. 'Ze is niet wijs...'
Michael schudt lachend zijn hoofd.
'Heb je niet even koffiegezet?' vraagt Leontien als ze na een goed uur de huiskamer binnen komt. Ze is al helemaal opgemaakt.
Michael schrikt op uit zijn stoel. 'Sorry, helemaal vergeten!'
'Vergeten? En jij wil later in de horeca werken?' lacht zijn vrouw, terwijl ze de opvallend netjes opgeruimde keuken in gaat. Ze maakt koffie. Ik kijk toe.
Uit het kastje boven het aanrecht pakt ze een doosje, dat ik niet kan thuisbrengen.
Ze legt twee capsules op het aanrecht, vult een glas water en slikt de pillen door. Ik kijk haar vragend aan.
'Fat-blockers,' zegt ze. 'Ideaal. Ik kan nu gewoon mijn boterhammen eten, maar deze pillen filteren het vet uit mijn voeding. Het is gemaakt van garnalenschillen. Het neemt het vet op.'
'Maar je bent toch goed zo?'
'Ik ben nog iets te zwaar, vind ik. Die laatste paar kilootjes moeten er nog af. Dan is alles weer goed...'
'En die garnalenzooi helpt?'
'Ja, mij wel, het is alleen om die laatste kilootjes eraf te krijgen, hoor. Hé, Zijl, schenk jij de koffie eens in.'
De wereldkampioene loopt de kamer in en zet een cd'tje op. Dan komt ze naast Michael zitten, op de bank. De huiskamer staat vol bloemen en felicitatiekaarten. Op tafel ligt een wielerblad, met daarop een foto van Leontien, genomen tijdens de huldiging in Valkenburg.
Ze veegt een traan uit haar ooghoek. Ze is wereldkampioene. Wereldkampioen zonder sponsor. Opstalan wil niet meer geld investeren. Een goede voorbereiding op de Spelen van Sydney is met deze geldschieter

niet mogelijk. Ze hebben wel grotere tegenslagen overwonnen, maar toch. Wat moeten ze nu? De eigen ploeg eraan geven en weer onder de vlag van de wielerbond gaan rijden? Het is geen slechte optie, alles wordt goed voor ze geregeld.
Maar Michael en Leontien kennende zijn ze het liefst eigen baas, met een eigen ploeg en een eigen wedstrijdprogramma.

Een paar dagen na mijn bezoek aan Rotterdam bel ik met Michael.
'We zijn wel in gesprek met een paar geïnteresseerden,' zegt Michael door de telefoon.
'Wie dan?'
'Ja, daar moet je wel je mond over houden, hoor...'
'Tuurlijk!'
'Farm Frites wil waarschijnlijk wel.'
'Farm Frites, die patatfabriek? Die heeft toch ook al een mannenploeg?'
'Ja, maar ze zien het met Leontien wel zitten... zeker tot aan Sydney. Het is min of meer toevallig gegaan. In een VIP-tent in Valkenburg kwamen we de directeur tegen, nou ja, toen kregen we het erover... Ze zijn de bedragen van de mannen gewend, dus voor hen kost een vrouwenploeg geen drol, van de week is het echt rond gekomen.'
'Wie nog meer?' vraag ik belangstellend.
'Raad je nooit... Hartol!'
'Die heeft toch een eigen ploeg?'
'Ja, maar, eh... Jan van Tol, je weet wel de eigenaar van het bedrijf, is helemaal wielergek. Het is voor hem ook een droom om Leontien naar de Spelen te mogen begeleiden... Het komt allemaal dus goed. Er is niets zeker, nog, maar... ik heb er wel vertrouwen in. Zodra ik iets weet, bel ik je. Houd het nog stil.'
'Goed nieuws, Zijl! Ik had er toch een hard hoofd in... die wereldtitel komt precies op tijd!'
'Je zou me wel enorm helpen, als je het weer op de buis weet te krijgen. Dan geven we de primeur aan jou en aan tv-Rijnmond.'
'Pff... ik zal mijn best doen, maar je weet hoe het gaat, het is altijd een hele strijd...'
'Weet ik toch.'
Ik leg de hoorn op de haak en kijk naar het kopje afgekoelde koffie voor me op tafel. Tinus gaat rijden voor een patatfabriek. Het kan verkeren.

Hoofdstuk 8

'Het is Leontien,' zegt Jack Lokkers. In zijn hand heeft hij de telefoon. Martha en Harry kijken elkaar even aan. Minder dan een seconde. Een korte aarzeling in de ogen van Harry. Martha neemt de hoorn uit de uitgestoken hand.
'Ja, goeiemorgen, met ons mam, hier,' zegt ze luid. Haar ogen bewegen snel heen en weer. Schrik? Leontien belt nooit zo vroeg.
Harry zit verstild met een kopje thee in zijn hand. Aandachtig probeert hij flarden op te vangen van de stem van zijn dochter.
'Wat is er dan?' vraagt Martha vol bezorgdheid. 'Is de dokter al geweest?'
Aan de ontbijttafel in een buitenwijk van Sydney valt een gespannen stilte. Martha geeft de hoorn terug aan Jack. 'Ik weet niet hoe die uit moet...'
Harry kijkt zijn vrouw vragend aan: 'Is er iets met onze Ties?'
'Ze is grieperig, last van haar keel, hoofdpijn. Ze weet niet of ze morgen wel kan starten,' zegt Martha.
'Govver, en nu? Morgen is de wegwedstrijd! Daar heeft ze het hardst voor getraind!'
'De dokter komt zo, en dan moeten we er maar het beste van hopen,' sust Martha.
'Als die haar maar niet iets verkeerds geeft,' zegt Harry. 'Dat ze over een paar dagen in de krant staat dat ze iets gepakt zou hebben...'
'Nee, die dokter is van de wielerbond, die weet heus wel wat wel en niet mag.'
Martha schenkt verse thee in en smeert een dikke laag roomboter op het sneetje krentenbrood, dat al minutenlang voor haar op het bordje lag. Harry staat op van tafel. Zichtbaar ongerust sloft hij de kamer in en gaat zitten op een van de grote witte stoelen in de huiskamer van de familie Lokkers.
Gedurende de Olympische Spelen verblijven Harry en Martha in huis bij de naar Australië geëmigreerde Nederlanders. Frank en ik zijn een paar dagen geleden uit Nederland gekomen en logeren in hetzelfde huis.
'Wat moeten we doen?' mompelt Harry. 'Ze kan toch niet ziek worden, nu?'
Zijn donkere ogen zoeken geruststelling in de mijne.
'Ik weet het niet Harry, vlak voor een belangrijke wedstrijd is er bij haar natuurlijk altijd wel wat, alsof ze daarmee de prestatiedruk wat weg wil nemen.'

'Nou, ik ben er niet gerust op. Ik vind er al de hele tijd zo mager, met die aders op haar slapen en die kuilen in da' koppie, de griep heeft je dan zo te pakken,' zegt Harry. 'Als ze govverdomme, maar niet weer zo gek gaat doen als vroeger... Je weet het nooit...'

Op de tafel in de huiskamer liggen de kranten en tijdschriften die ik voor de Van Moorsels heb meegebracht. De bladen staan vol met Leontien. Eén van de roddelbladen meldt dat de renster het liefst tien kinderen wil. 'Dan mag ze wel snel een andere hobby gaan uitzoeken!' glimlacht Martha.
Harry bladert door een sportkatern. Op de rug van de krant zie ik een foto van zijn dochter.
Het was maandag achttien september. Samen met mijn vrouw en negen dagen oude zoon zat ik voor de televisie in Nederland voor de finale van de achtervolging. Twee dagen later zou ook ik afreizen naar Sydney om de film af te maken. Via internet en sms'jes onderhielden Michael en ik het contact.
Nerveus keken we naar de beeldbuis. Zou Leontien vandaag goud halen? Ieder moment kon de zwemwedstrijd worden onderbroken voor de achtervolging.
Leontien had een dag ervoor de wereld verbaasd, door zich met een wereldrecord te kwalificeren. Ze was als een komeet. Vrouw en fiets waren één geheel. In drie minuten en dertig seconden had ze haar race afgeraffeld met een gemiddelde snelheid van éénenvijftig kilometer per uur!
In de finale zou ze aantreden tegen een oude bekende, Marion Clignet. De Française had enige dagen eerder Leontien nog afgeschreven als medaillekandidaat.
De presentator verscheen in beeld. Er werd overgeschakeld.
'Ssst, stil, daar is ze!' siste ik.
Achteraf hoorde ik dat Leontien de nachten ervoor amper had geslapen. De spanning hield haar uit de slaap. Ze ergerde zich aan de ademhaling van Michael. 'Je ademt te hard, ik kan daardoor niet slapen!' had ze bits gezegd. 'Als ik niet adem, dan ga ik dood,' was het antwoord van Michael. Die ochtend had ze nog drie kwartier haar spieren losgereden op de rollerbank. De kwalificatiewedstrijden en het rijden van een wereldrecord hadden haar spieren vermoeid.
'Daar is Zijl!' riep ik wijzend naar de televisie.
'Ze is wel afgetraind, hè?' merkte mijn vrouw Ariane op.
'Ja, daar gaat ze,' zei ik.
Tegelijk met het startschot springen de tranen ons in de ogen. 'Oh, wat gaat ze hard!'

‘Ze zit als gegoten op die fiets,’ klinkt het naast me.
Leontien raast over de baan. Ik dacht even terug aan januari, toen we in Sydney waren om het Dunc Gray Velodrome te verkennen. Leontien was blij met deze baan. De bochten waren niet te steil.
De laatste kilometer. Leontiens mond snakt naar adem. Vanaf de eerste meters hadden haar benen al pijnlijk aangevoeld. ‘Dan maar dood,’ dacht ze en trapte voluit door de pijngrens. De Française verloor terrein.
‘Die Clignet die houdt die niet… nee, hoor!! Tinus gaat hier winnen! Kom op, Tinus!! Yes!!’
Leontien had het ook gezien. Nog voor de finish, in de laatste bocht stak ze haar hand al in de hoogte. In drie minuten en drieëndertig seconden greep ze haar eerste olympisch goud!
Mijn vrouw en ik vielen elkaar in de armen. We maakten vreugdesprongen voor de televisie.
Leontien stuurde omhoog de baan in, zwaaiend met een Nederlandse vlag naar haar ouders. Harry en Martha stonden breed lachend op de tribune te wuiven. Ze reed naar Michael, die onder in de baan stond, en viel in de armen van de man die alle tegenslagen had meegemaakt en onzekerheden van zijn vrouw had geaccepteerd. De wereld stond stil. Dit was hun moment. Overwonnen leed was omgesmolten tot olympisch goud.
‘Deze medaille draag ik op aan mijn neefje Bertje en mijn zus Wilma. Mijn neefje is ernstig ziek en ze hebben een verschrikkelijk moeilijke tijd gehad,’ zei Leontien.

Direct na de televisie-uitzending had ik me omgekleed. Wielerbroek, Farm Frites-Hartol-shirtje, snelle bril en oranje helm. Ik was de Veluwse bossen uitgereden, de IJsselvallei in. Daar draaide ik de dijk op. Een haast onmerkbaar briesje was me genadig. Ik vond een grotere versnelling en zette hard aan. Onmiddellijk protesteerden mijn benen, maar ik besloot door te zetten. Ik dacht aan Leontien, aan hoe ze zich zou voelen. Mijn lichaam verzette zich hevig. De weg schoot onder mijn wielen door. Nog vijftienhonderd meter! Het werd nu zwaar. Zou ik terugschakelen? Nee! Het zou niet eerlijk zijn. Tinus kon dat ook niet op een baanfiets. Ik boog verder voorover en trapte zo hard ik kon. Mijn snelheid bleef dalen. Steenkapot passeerde ik de denkbeeldige drie kilometer lijn.
‘Hemel… ik verlies bijna een halve minuut! Wat heeft ze hard gereden!’ concludeerde ik buiten adem. Ik moest het maar niet meer proberen. De cijfertjes op mijn fietscomputertje gaven me een dwingend advies mezelf niet meer te meten met profwielrenners.

's Avonds in het Holland House liet Leontien zich huldigen. Ze hield het bij twee slokjes champagne, want in gedachten waren Michael en zij al bezig met de volgende wedstrijden.

'Waar is die kerk, nou? Martha?' vraagt Harry om zich heen kijkend. 'Ik loop normaal altijd achter Martha aan, die weet altijd de weg. Of ik nu in Eindhoven ben of in Den Bosch, maakt niets uit!'
'Dit is Den Bosch niet, Harry, dit is Sydney,' antwoord ik droog.
'Ja, dat is waar ja. Dit is Sydney.'
Ze lopen voor me uit. Martha en Harry kijken hun ogen uit.
De moderne, hoge gebouwen leveren maar enkele oriëntatiepunten.
''t Was toch vlakbij die ene rare toren... met dat restaurant erin?' murmelt Harry.
'Nee, volgens mij was het nog wat verder,' zegt Martha en met ferme passen loopt ze de straat in. De weg loopt flauwtjes omhoog.
Ik zie Tinus. In haar moeder. Dezelfde korte, stevige benen, dezelfde wilskracht.
Ze gaat ons voor. Harry, Frank en ik volgen.
Om ons heen bruist de olympische stad. Cafeetjes en restaurantjes zitten vol. Taxi's en bussen rijden af en aan en proberen toeschouwers op tijd naar de evenementen te brengen.
Vlaggen sieren de keurig schoongehouden straten. Op elke hoek staat een suppoost of agent die de bezoekers van de Spelen met raad en daad willen bijstaan.
Als vier avonturiers met een heilige missie dwalen we door het centrum van op dat moment de meest besproken stad ter wereld. Harry sloft achter Martha aan. Hij heeft zijn rode colbertje uitgedaan.
'Zullen we het ergens vragen?'
Martha bromt iets onverstaanbaars en kijkt vervolgens naar mij. Ik schuil achter mijn cameraman en maak een verontschuldigend gebaar.
'Jullie zijn leuk, hoor,' grinnikt Martha.
Ze loopt op een agent af.
'The basiliek... church,' mompelt ze.
Harry lacht: 'Ze spreekt helemaal geen Engels, man!'
Op hetzelfde moment klinkt de stem van zijn vrouw: 'Harry, kom 's efkes helpen.'
De vriendelijke agent smijt met richtingen, straatnamen en stoplichten. De Van Moorseltjes knikken begrijpend.
'Thank you,' zegt Martha. Ze groet de agent en loopt in zuidelijke richting.
'No, no, madam, wrong direction, you should go north, like I told you!' roept het attente uniform.

'Harry, zit niet zo stom te lachen!' sist Martha haar eigen lach nauwelijks onderdrukkend.
Harry schatert het uit: 'Ik heb geen woord van die hele vent begrepen, ha, ha!'
Opnieuw gaat Martha ons voor. Ze slaat links af, kiest een weggetje rechts. Steeds kijkt ze naar boven, naar de rare toren met het restaurant.
'Het moet hier ergens zijn.'
Een paar minuten later steken we een drukke straat over, naar een groot plein. Aan de overkant verrijst een indrukwekkende basiliek. Voor katholiek Sydney het middelpunt van de stad.
'Zie je wel!' zegt Harry triomfantelijk. 'Martha vindt altijd de weg.'
Hij veegt het zweet van zijn voorhoofd. 'Verdorie, da' was een stuk lopen!'

De zijdeur van de basiliek is geopend. Harry en Martha gaan naar binnen. De ondeugende uitdrukking op hun gezicht is verdwenen. Geen grappen meer. Het is nu ernst.
Martha en Harry schudden wat kleingeld uit hun portemonneetje.
'Wat een kleine kaarsjes,' merkt Harry op, kijkend naar de waxinelichtjes.
'Dan steken we er maar een paar meer op,' fluistert Martha eerbiedig.
In een nis staat het beeld van Maria. De Lieve-Vrouw speelt een belangrijke rol in het leven van de Van Moorsels. Voor elke belangrijke wedstrijd van hun dochter vragen ze om zegen en haar lijfsbehoud.
Heel voorzichtig steken ze de kaarsjes aan en zetten die in een van de honderden goudkleurige bakjes, die aan de voeten van de Heilige Maagd staan. Frank filmt. Een kruisje wordt geslagen, handen vouwen in elkaar. Roerloos staan ze voor me.
Harry en Martha, naast elkaar. Ze staren naar het reine aangezicht van Maria. Wat gaat er in hen om? Zou Maria Tinus goed gezind zijn? Echt zware valpartijen zijn haar altijd bespaard gebleven. Op haar borst heeft ze ook altijd het zilveren Mariaspeldje. Zou dan toch?
Ik word stil van binnen. Ergens raak ik diep ontroerd door de schoonheid van het geloof van deze twee mensen. Onzichtbaar vouwen mijn handen. Heel even vallen mijn ogen dicht. Onhoorbaar komen mijn lippen los. 'Amen,' fluister ik. 'Lieve God, laat het zo zijn.'
Wanneer ik mijn ogen open, staan de twee mensjes voor me nog altijd in gebed verzonken. Frank kijkt me even aan, vragend of hij de camera moet laten lopen. Ik knik.
Een paar tellen later verbreken Harry en Martha precies tegelijk hun stilte.

'Laten we maar eens ergens gaan eten!' stelt Harry voor als we de basiliek verlaten. 'Weten jullie iets?'
'Ja! Dan moeten we wel eerst met de boot van Darling Harbour naar Manly, vlakbij ons logeeradres. Daar zit Ribs & Rums, een steakhouse, lijkt jullie dat wat?' zeg ik.
'Jazeker! Een lekker stukske vlees gaat er bij ons altijd in!' roept Martha enthousiast.
'Dat kan je wel zeggen, 't water loopt nu al in de mond!' vult Harry aan.
Na een boottochtje over de heldere baai van Sydney, schuiven we aan aan een vierpersoonstafeltje midden in het restaurant.
'Struisvogel is erg lekker, de mixed grill is hier ook goed. Van de winter, in januari, toen ik hier met Tinus en Zijl was, zijn we hier ook gaan eten. Michael nam toen ook een mixed grill… zo groot, alsof je een halve koe op je bord krijgt…'
'Doe mij maar een flink bord spareribs,' zegt Harry.
'Not so hungry, hungry or starving, sir?' vraagt de ober geduldig.
De ondeugende grijns van Harry kijkt me aan: 'Wat moet die man nu weer van me? Ik wil gewoon lekker spareribs, gewoon… normaal…'
'Hungry,' zeg ik tegen de man die naast me staat.
Een paar minuten later komt er een charmante serveerster op ons af. Ze lacht vriendelijk.
'Wie heeft er spareribs besteld?' vraagt ze.
Zes ogen wijzen naar Harry.
'Ja, eh… ikke… ja…'
De dame komt achter hem staan, buigt iets voorover. Gniffelend kijkt Harry om zich heen, alsof hij zich verontschuldigt voor wat hem nu weer overkomt. Twee vrouwenhanden knopen hem een reusachtige slab om zijn nek.
Martha giert het uit: 'Ze zouden je thuis eens moeten zien! Ze zouden zich helemaal kapot lachen… ge lijkt we een baby, ha, ha!'
Beteuterd kijkt Harry me aan: 'Bestel dan maar gauw een pilsje voor me, goddomme, zit ik hier voor Jan met de korte achternaam helemaal aan de andere kant van de wereld, ha, ha!'
Terwijl de maaltijd wordt opgediend, het gesprek wordt onderbroken voor malse stukken vlees, heerlijke salade en bier, zinken mijn gedachten even weg.
Een maand geleden had ik een gesprek met Leontien. Het was bij de familie Zijlaard thuis in Nieuwerkerk aan de IJssel.
'Ik eet nu gewoon, zoals iedereen. Niet te vet natuurlijk, daar let ik wel op. Ik denk dat ik nu net zo met mijn gewicht omga, zoals iedere vrouw dat doet die er een beetje strak uit wil zien. Maar ik ben bij-

voorbeeld niet aan de pil, niet alleen omdat je er dikker van wordt, maar ook omdat het je hormoonhuishouding weer beïnvloedt. Gelukkig heb ik altijd oefeningen gedaan, anders zou mijn lichaam nooit zo hersteld zijn van dat hele gedoe met heel dun, dan weer heel dik... En als ik dan een keer een weekendje uit eten ben geweest, of als ik op een verjaardag lekker heb zitten snaaien, dan ga ik in de week erna gewoon een paar lange duurtrainingen doen. Je kunt niet ongestraft zomaar alles eten.'

'Je hebt jezelf helemaal onder controle?'

'Ja, dat denk ik wel, mij zul je geen maaltijd meer zien overslaan. En Michael houdt me goed in de gaten, hoor. Soms wil ik nog wel eens te veel, dan ben ik bang dat ik niet op tijd op wedstrijdgewicht ben. Kijk, in de winter ben ik altijd een paar kilootjes zwaarder. Dat heb je ook nodig, als reserves... Maar op het moment dat het moet gaan gebeuren, moet ik wel scherp zijn. En soms wil ik in trainingen nog wel eens te veel doen, omdat ik dan ergens toch bang ben niet op tijd scherp te zijn.

Michael kan het precies aan me zien hoe ik ervoor sta. Als mijn ogen niet goed staan, of ik zie er te moe of mager uit, dan belet hij me te gaan trainen. Dan neemt hij me ergens naar toe, gaan we winkelen of uit eten, zoiets...'

'Hij moet dat zeggen?'

'Ja, ik heb toch nog wel eens de neiging te veel te willen doen, dus...'

Op tafel staan drie lege borden. Frank en ik leunen iets achterover en kijken tevreden om ons heen. Martha bestudeert grinnikend haar man.

Harry zit nog altijd achter een overdadige lading vette ribbetjes. Af en toe laat hij zijn werkhanden even baden in een bakje water met citroen. Om hem heen liggen tientallen proppen servet. Zijn bierglas is troebel van de vette vingerafdrukken.

'Govver, wat krijg je hier veul,' puft hij. 'Moeten jullie wat van me hebben?'

'Nee, Harry, je moet alles opeten,' grapt zijn vrouw. 'Eten weggooien is zonde.'

'Ja, ik eet me hier hartstikke dood, man... di's toch niet normaal... zo veul als je hier krijgt...'

Twee dagen eerder, op zaterdag 23 september, had ik Michael en Leontien ontmoet in hun verblijfplaats in de buitenwijk Oxford Falls. Uitgehongerd aan een tafeltje in de hal van de Australian Tennis Academy zat ze. Haar gezicht ingevallen, op haar wangen gedroogd slijm.

Leontien maakte een vermoeide indruk. Ze at een sandwich, terwijl ze keek naar zwemwedstrijden op de televisie.
Het was de eerste keer dat we elkaar zagen sinds zij waren afgereisd naar Sydney. Ze veerde op uit haar stoel en kwam enthousiast op ons af. 'Daar zijn jullie! Te gek, hè?'
Michael kwam binnen met verse sandwiches. 'Hé! Amigo!'
Ze nemen onze felicitaties in ontvangst. Terwijl Frank en ik in het vliegtuig naar Australië zaten, reed Leontien de puntenkoers op de baan. Niet haar favoriete onderdeel, want je rijdt met een heleboel andere renners in de baan en om de zoveel ronden moet er gesprint worden voor punten. Wie aan het einde van de race de meeste punten heeft of een ronde voorligt, heeft gewonnen. Leontien is geen held op de baan, zeker niet als er meerdere renners in de baan zijn. Omdat de vorm goed was, besloot ze toch mee te doen. En ze won een zilveren medaille!!
'Een leuke bonus, toch? Ik heb mijn zinnen gezet op de achtervolging, de wegwedstrijd en de tijdrit... ik zou de puntenkoers aanvankelijk niet rijden, nou, dus toch... en zilver!!' lachte ze.
Ik legde enkele tijdschriften op tafel, die ik voor hen had meegebracht. Direct vielen de Zijlaardjes aan op het Hollandse leesvoer.
'Zo te zien heb je het zwaar gehad vandaag,' opende ik.
Leontien trok een van pijn vertrokken gezicht. 'Kan je wel zeggen, ja. Ik had nog zere benen van donderdag, van die puntenkoers. Dinsdag is de wegwedstrijd, en dat is anders fietsen dan op de baan. Meer op kracht en minder op souplesse. Om die power in mijn pootjes te krijgen ben ik vandaag met de profrenners mee geweest, naar dat Ku-Ring-Gai Chase, dat park met die klimmetjes. Pffff... honderdveertig kilometer lang afzien. Die mannen rijden echt hard, hoor! Gingen die gasten ook af en toe nog tempootjes rijden, ik dacht dat ik doodging. Op het einde schoot ik zowat in de kramp.'
'Waarom doe je zo gek, dan? Kan je niet beter uitrusten voor dinsdag?'
'Ja, maar ik moet toch wegbenen krijgen!'
'En dat doe je zo?'
'Ja.'
Ze leegde een blikje cola light in haar uitgedroogde keel.
'Straks lekker masseren en dan twee dagen rusten, beetje losfietsen.'
Michael legde zijn hand op de stakige schoudertjes van zijn vrouw. 'Ties, ga maar douchen, anders vat je nog kou.'
De olympisch kampioene op de drie kilometer slofte moeizaam bij ons vandaan. Ik kon haar wervels tellen. 'Ze eet toch wel?'
'Zie je toch, ze eet goed hoor. Niet te veel, want ze wil scherp zijn voor de wegwedstrijd. Daar zitten toch een paar bultjes in. Ze wilde inder-

daad nog een kilootje proberen kwijt te raken, maar als je zo veel traint als zij heeft gedaan de afgelopen weken, dan word je wel scherp. Maar ik houd het wel in de gaten, hoor. Wees maar niet bang,' verklaarde Michael.

'Toch schrok ik me ook rot, toen ik haar hier zag!' zegt Harry. Hij heeft zojuist zijn laatste ribbetje afgekloven en zit uit te buiken met een tandenstokertje tussen zijn kiezen.
'En dan kan ze wel zeggen, dat het allemaal goed komt en dat ze het wel weer bij eet. Ik ben nog altijd bang dat ze toch weer terug kan vallen in dat anorexiagedoe.'
'Michael is er nu toch bij,' zegt Martha.
'Ja, dat is zo, dat is een hele geruststelling, hoor... Die gouden medaille die onze Tinus hier heeft gehaald, is zeker voor de helft van Michael.'
'Jongens, we moeten gaan, morgen is het vroeg dag. Om halfacht worden we al opgehaald,' zucht Martha.
We rekenen af en verlaten het steakhouse. Frank en ik lopen voorop naar de bushalte. Achter me hoor ik Harry: 'Ik hoef govver de eerste tien jaar niet meer eten.'

'Opschieten, hij staat al voor de deur!' hoor ik Martha zeggen.
'Hebben we alles, sleutels, geld, de stoelen?' vraagt Harry.
'Ja, kom nu maar, want Jantje zit al in de auto, en de jongens zijn er ook al.'
Jan Leenaars staat geduldig te wachten. De geëmigreerde Nederlander brengt ons naar de start van de olympische wegwedstrijd: 'Vandaag dé dag, hè? Ze maakt wel een kans, denk ik.'
Frank laadt het statief en de tas met de telelens, extra accu's en bandjes in de kofferbak van de auto. De camera zelf gaat op schoot.
Breed lachend als altijd komt Harry het huis uit. Hij draagt een feloranje poloshirt onder zijn rode colbertje. 'Goeiemorgen allemaal... laten we hopen dat dit een fantastische dag mag worden!'
'Goed geslapen, Harry? Of heb je vannacht nog de koelkast geplunderd?' vraagt Frank.
'Godsamme, nou, ik heb nu nog steeds geen honger.'
'Iets gehoord van Tinus?'
'Ja, ze gaat gewoon van start. Ze was wel heel moe en had wel zere benen, maar verder ging het al wel beter dan gisteren.'
Martha zit al in de auto.
'We moeten gaan, anders zijn ze al gestart!' roept ze van de voorstoel.
Een paar minuten later zet Jan ons af vlakbij de finish. Harry neemt

twee klapstoelen onder zijn arm. Martha zet haar oranje hoed op. Frank laat de camera draaien. Met het statief en de tas onder mijn armen kijk ik toe. Meer dan twintig jaar wielersport staat voor me. Harry en Martha van Moorsel. Bewapend met twee klapstoelen. Als je zegt dat ze naar het criterium van Veendam gaan, geloof je het ook. Hoeveel wedstrijden hebben zij al gezien? Hoelang trotseren zij al weer en wind om hun dochter aan te moedigen? Om er gewoon bij te zijn? Ze steken de straat over. Nog altijd kijken ze naar de verkeerde kant met oversteken. Ik besluit er maar niets meer van te zeggen. God waakt vast ook over hen, de goede zielen.
Frank en ik lopen quasi-zelfverzekerd met onze camera-uitrusting langs de eerste controle post. We zijn opnieuw niet geaccrediteerd en mogen eigenlijk niet met onze professionele camera bij het parcours verschijnen.
'Good morning!' groeten we de nog half slaperige controleurs. We zijn er door.
'Waar gaan we staan?' vraagt Harry.
'Bij dat grote scherm, daar?' vraag ik. 'Dan staan we een paar honderd meter voorbij start en finish en kunnen we de wedstrijd goed volgen.' Een goede plek, voelde ik. Renners die in volle vaart op de streep afsprinten, staan pas een meter of tweehonderd verder stil. Onbewust hoopte ik op iets heel moois.
Martha haalt uit haar tas twee Nederlandse vlaggen, waarop met grote zwarte letters 'LEONTIEN' staat geschreven. Harry helpt haar. Hij staat de ene hoek van het spandoek vast te binden aan het dranghek, zij de andere.
'Dan weet ze dat we hier staan, hè, dat vindt ze fijn.'
Goedkeurend knikt Harry naar zijn vrouw als het rood-wit-blauw is bevestigd.
'What is the name on that flag?' vraagt een suppoost aan Harry, wijzend op het doek.
'Ja, die vlag is van ons, ja,' antwoordt Harry.
'It's the name of their daughter, she is one of the favourites, you know,' klinkt de stem van Jan Leenaars uit het niets. Hij heeft zijn auto geparkeerd en komt bij ons staan. 'Ze willen weten of er geen reclame op staat. Dat is bij de Spelen verboden.'
In de verte rijden kleine gekleurde vlekjes in cirkeltjes. Het zijn rensters die zich warmrijden voor misschien wel de belangrijkste race van hun leven.
'Tinus!!' roept Harry. Hij zwaait naar twee oranje schimmen. In één ervan herkennen we Leontien. Ze hoort ons niet. Onze roep wordt overschreeuwd door een zware commentaarstem uit de speakers bij

het beeldscherm. Teleurgesteld zakt Harry in zijn klapstoel. 'Over vijf minuten vertrekken ze.'
Martha staat met een fotocameraatje in haar hand tegen het dranghek. Helikopters hangen boven ons. Via het grote scherm zien we dat ze zijn gestart. Harry en Martha staan dicht bij elkaar achter de vlag.
'Daar komen ze!' roept Harry. Hij wijst naar de bocht.
Een kleurrijk gezelschap samengesteld uit de beste rensters ter wereld passeert ons.
'Hup Tinus!' roept Harry in de richting van de grote groep.
Martha opent haar mond. Pas als ze haar dochter voorbij ziet rijden, roept ze haar naam. Leontien stuurt als een van de laatsten langs onze vlag.
'Hup Tinus!!' roept Martha.
Ook Harry ontdekt zijn dochter. 'Hup Tinus!!!' zendt hij haar na.

Aan de overzijde van de weg is een koffietentje. Frank en ik laten onze spullen bij de Van Moorsels en steken over. Het is nog maar een paar minuten na negen uur, maar zelfs in deze Australische koffietent is het frituurvet al heet. Een man met zonnebril zet zijn tanden in een hamburger. Eigenlijk is het oneerlijk verdeeld. Om prestaties te leveren waar het publiek op afkomt, moeten de renners zich van alles ontzeggen, terwijl grote groepen toeschouwers zich tijdens het afzien volvreten met ranzige lekkernijen. Fietsen en feesten, het zijn twee zijden van dezelfde sport. Leontien eet nu af en toe ook wel eens een frietje, weet ik.
'Mijn grote fout in mijn leven is, dat ik nooit de middenweg kon bewandelen. Het was alles of niets. Of ik at alleen maar sla en yoghurt, of ik at me ongans. Michael heeft me geleerd de middenweg te bewandelen. Gewoon gezond eten, goed trainen. Af en toe eens een patatje eten of een dagje overslaan, is goed voor de balans. Het leven moet wel een beetje leuk zijn, toch?' zei Leontien me tijdens ons gesprek in Nieuwerkerk.
'Je zei dat je nooit meer op de weegschaal stond, is het niet?' vroeg ik.
'Ik heb al twee jaar niet op een weegschaal gestaan. Toen ik weer lekker begon te fietsen, en toen ik wereldkampioen tijdrijden werd, besloot ik nooit meer op zo'n ding te gaan staan. Ik voel het wel aan mijn kleren of ik wat ben afgevallen of niet. En vlak voor een belangrijke koers zorg ik gewoon dat mijn kleren lekker losjes zitten.'

Harry kijkt bezorgd naar het grote beeldscherm. Martha, nog altijd met fototoestel, kijkt afwisselend naar de lege weg en het scherm. 'Ze zullen zo wel komen, denk je niet?' zegt ze mompelend. Harry's ogen

kleven aan de video-wall. 'Waar zit ze nu ergens, Martha, Ik zie d'r niet.'
'Ze rijdt ergens achteraan, helemaal achteraan,' antwoordt zijn vrouw vanonder het oranje hoedje.
'Oh, net als in Oslo. In 1993, toen reed ze ook de hele tijd achteraan...'
De camera zoekt de kanshebbers. De Australische Anna Wilson, de Litouwse Diane Ziliute, Longo... Leontien! Harry veert overeind. 'Daar is ze! Ze komen nu door bij de finish, dan zijn ze over een paar tellen hier!'
Driftig stapt hij naar het hek.
'Roepen!' beveelt hij Martha.
'Tinus! Tinus! Tinus!' klinkt het in hees Boekels koor.
Harry en Martha zitten goed en wel op hun klapstoeltjes als het zachtjes begint te regenen.
'Wat is dat, dat moeten we niet hebben. Onze Tinus is als de dood voor regen, die gladde bochten!' zegt Harry. Argwanend kijkt hij omhoog. Dikke donkere wolken drijven binnen.
'Hé, Martha, wie is dat? Wie is die oranjese, die nu voorop ligt?'
'Beltman, Chantal Beltman!'
'Oh...'
Chantal Beltman moet namens Nederland de wedstrijd openen. Ze valt aan op de lange klim naar de kust. De wedstrijd moet zo zwaar mogelijk gemaakt worden, zodat de meeste sprinters moeten lossen. Dat vergroot de kansen van Leontien.
De vlucht van Chantal krijgt geen kans. Het peloton verandert van een zwerm in een lang lint. Dat is een teken dat er hard gereden wordt. De één na de andere renster moet de grote groep laten gaan. Moegestreden wordt Chantal opgeslokt door het hongerige peloton.

De wedstrijd nadert het einde. Er is nog minder dan dertig kilometer te gaan. Mirjam Melchers, de tweede ploegmaat van Leontien, mag het gaan proberen. Op de klim weet zij een behoorlijke voorsprong op te bouwen. Leontien nestelt zich op de kop van het peloton om het tempo te drukken.
'Dat ziet er goed uit, hè? Ze rijdt zo naar voren toe!' zegt Jan Leenaars.
Harry kijkt gespannen naar de tv-beelden. 'Nee, nee, maar we zijn er nog niet... Dit zegt nog niks.'
De regen wordt dichter. Harry's colbertje is doorweekt. Het deert hem niet. Zijn blik onafgewend van het beeldscherm volgt hij de wedstrijd. Martha is weer op het stoeltje gaan zitten. De nervositeit is van haar gezicht af te lezen.

Inmiddels weten de vaste fans van Leontien ons te vinden. Ook sponsoren Jan van Tol en Martie van Diemen zijn bij ons komen staan. 'Dit is de kans van ons leven. Hoe vaak krijg je de kans om een topatlete te sponsoren, zoals Leontien?'
'Melchers is teruggepakt!' roept Harry. 'Nu wordt het spannend! Wat gaan ze doen? Nog maar één rondje... oehoe...!'
Jan van Tol slaat een van de Nederlandse vlaggen om zijn schouders om zich tegen de regen te beschermen. Dan loopt iedereen naar het hek.
De bel klinkt. Even later komt het restant van het ooit zestig koppen tellende peloton voorbij.
Leontien heeft haar bril op het puntje van haar neus gezet, om nog wat te kunnen zien in de regen. De glazen zitten onder de modderspetters. Ze zit in het wiel van Longo! Wilson en Ziliute rijden vlak bij haar. Waar is Rossner? De snelle Duitse sprintster? Is ze door het beulswerk van Melchers gelost? Dat zou goed uitkomen!'
Martha komt bij haar man staan. Samen schuilen ze onder een paraplu. Harry voelt even aan zijn pols. 'Govver, dit is niet helemaal goed...'
Een pilletje onder de tong moet zijn hartslag regelen.
Een Finse renster is weggesprongen. Ze rijdt honderd meter voor het peloton uit. Paniek in het Nederlandse kamp!
'Melchers kom nou! Melchers kom nou, rijd dat gaatje alsjeblieft dicht,' jammert Harry. Zijn lip trilt. Martha zwijgt en verbijt de zenuwen.
Nog één kilometer. Alles is weer bij elkaar. Melchers nestelt zich aan kop van het peloton en voert het tempo zo hoog op, dat niemand meer kan ontsnappen.
'Oh, dit is spannend! Eén kilometer nog! Eén kilometer nog!' schreeuwt Martha opgewonden.
Harry's mond valt open. De paraplu in zijn hand begint hevig te schudden. Hij kijkt over zijn schouder. De weg is leeg. Dan weer het scherm. Melchers nog altijd op kop. Leontien in haar wiel... Daar gaat ze! Leontien heeft de grote versnelling geschakeld en sprint achter de rug van Mirjam vandaan uit volle macht.
'Tinus! Kom op! Ties! Zet op! Zet op! Zet op!' roept Harry met overslaande stem.
'Tinus! Tinus! Tinus!' schreeuwt Martha in canon.
Harry's hand beeft als een bezetene. Hij zal dit toch wel overleven?
'Zet op! Zet op! Tinus! Tinus!' roepen de Van Moorsels alsof hun dochter hen kan horen.
Frank houdt zijn camera gericht op Harry en Martha. Ineens ziet hij

hun armen de lucht in schieten. In een roes van blijdschap vallen Harry en Martha iedereen in de armen die maar iets oranjes aan heeft. Koortsachtig zoek ik de weg af. De ervaring van Frank en mij van talloze Tour de France-etappes en wielerkoersen komt nu goed van pas. In de verte zie ik Leontien aankomen. Ze heeft nog altijd veel vaart. In een reflex open ik het dranghek. Frank en ik stormen de weg op. Een suppoost is totaal overdonderd door onze snelle actie. Ik roep Harry en Martha.
'Leontien komt eraan!!'
Zacht juichend, betraand, met wijdopen armen rennen ze op hun bemodderde dochter af. Precies voor het elektronische oog van Frank valt Leontien in de armen van haar ouders.
Harry is helemaal van slag. 'Meisje, meisje… oooh.'
Martha zoent haar dochter.
Leontien is dodelijk vermoeid. Uit haar neus een dun stroompje modder. Ze heeft haar ogen dicht. Als een klein meisje laat ze zich door haar vader overeind houden.
'Ik ben zo moe,' klaagt ze.
'Oh, het is geweldig, je bent geweldig,' weent Harry blij.
'Oh, Tinus!' knuffelt Martha.
'Oh, ik kan het niet geloven!!' kermt Leontien. 'Ik kan het niet geloven!'
'Het is geweldig, meisje… dit heb je zo verdiend! Oh, meisje toch!' traant Harry.
De Nederlanders die zich om ons heen hebben verzameld scanderen haar naam: 'Tinus! Tinus!'
Mirjam Melchers komt aanrijden. Ook zij is doorweekt en besmeurd met modder. Ze hijgt nog na van haar onvergetelijke inspanning. Zij heeft Leontien in een ideale positie weten te brengen. Leontien laat haar ouders even los. Ze opent haar armen voor haar ploegmaatje. Twee vluchtige zoenen. Een blik in elkaars ogen. 'De helft van het goud is voor jullie, hoor…' hoor ik Tinus brabbelen.
Het ware leven en de sport vloeien samen. Hier is sport op haar mooist. Niet de race, niet de snelheid, maar de ontlading.
De geaccrediteerde cameraploegen moeten in de persvakken bij de finish blijven, alleen een motorcamera van de organisatie ontdekt de emotionele hereniging van de winnares met haar ouders.
Een suppoost verstoort de reünie. Leontien moet mee naar de huldiging. Hij tikt Harry op zijn schouder als teken dat hij terug achter de hekken moet.
'Ja, dit is mijne eigene dochter, hoor!' verweert Harry zich.
Leontien laat zich meedrijven door de geüniformeerde arm. Harry en

Martha rennen snotterend achter hun dochter aan in de richting van het podium. We rennen mee.
Honderd meter voor het podium houdt een agent hen aan.
'No accreditation?'
Harry en Martha zien hun dochter van hen wegrijden. Leontien kijkt nog een keer om. Dan verdwijnt ze in de mensenmassa. Ze gaat naar een kleedkamer om zich op te frissen voor de huldiging.
'U hebt geen accreditatie, dus u mag niet verder. U mag sowieso niet op de weg komen, gaat u terug achter de hekken.'
Harry kijkt verslagen om zich heen. Zijn bloed kookt. Met bevende lippen zegt hij: 'Ja, maar ze is mijn dochter, hoor. Zij is mijn dochter...'
'Het zijn haar ouders, hun dochter heeft goud gewonnen, laat ze er toch door!' valt een Nederlandse radioverslaggever hen bij. Hij spreekt Engels.
De agent is star: 'Het spijt me, ik ben blij voor ze, blij voor hun dochter. Maar regels zijn regels. Ik mag ze er niet doorlaten.'
'Kom op zeg! Dit zijn niet de Spelen van Atlanta!! Hier hebben ze hun hele leven op gewacht. Het is hun dochter... denk toch eens na!' snauwt de reporter.
Harry en Martha houden elkaars hand vast. Vertwijfeld kijken ze om zich heen. Uit elke hoek is hulp welkom.
'Is er niemand van de Nederlandse wielerbond? Niemand die ons kent?' probeert Harry.
Martha jammert zachtjes de naam van haar kind.
'I'm sorry!' herhaalt de agent. Hij gaat pontificaal staan voor de twee mensjes uit Boekel. Op de achtergrond klinkt de muziek van de huldiging.
'Dit is toch niet normaal?' klaagt Harry hevig geëmotioneerd. 'Dit kan toch niet?' Hij wijst naar de tribune. 'Moet je kijken, de hele tribune zit vol oranje jasjes... allemaal mensen van het Nederlands Olympisch Comité, die zitten er wel weer...'
De agent ontwijkt de smekende ogen van Harry.
Een suppoost loopt op hen af. Tijdens de Spelen staan bij sportevenementen de leden van de organisatie boven de politie. Hij heeft het verhaal gehoord en kan het niet over zijn hart verkrijgen dat Harry en Martha de medaille-uitreiking moeten missen. Hij passeert de agent, en begeleidt Leontiens ouders langs een haag van uitzinnig publiek naar voren, naar het voor onbevoegden 'verboden terrein'. De politieman kijkt beteuterd. Hij is ineens een kleinhartig mannetje in uniform.
'Voelt u zich wel goed?' vraagt de suppoost aan Harry, wanneer deze

voor de zoveelste keer zijn hand tegen zijn halsslagader legt om zijn hartslag te controleren. Ik kan niet horen wat er wordt gezegd. Frank en ik moeten wel achter het hek blijven staan. Harry knikt en lacht dunnetjes.
Ondertussen valt Leontien in de armen van Michael. Uitzinnig van vreugde knuffelen ze elkaar. 'Het lijkt wel een droom... twee gouden medailles...'
Dan moet ze naar de huldiging. Achtervolgd door een leger van officials komt Leontien naar voren. Harry en Martha zijn er net op tijd bij om hun dochter het podium op te zien stappen.
Haar naam klinkt uit de luidsprekers. Met de gouden medaille om haar nek laat ze zich toejuichen door de duizenden toeschouwers. Honderden fotocamera's leggen dit moment vast. Het kleine meisje uit Boekel is wereldnieuws.
Na de cérémonie protocolaire moet ze omringd door officials het middenterrein verlaten. Lachend en zwaaiend, loopt ze tussen de donkerblauwe colbertjes.
'Leontien!!' klinkt een roep uit het publiek.
Verschrikt kijkt ze om zich heen. Ze kent die stem. Het is de stem die haar tijdens de moeilijkste periode van haar leven stimuleerde door te gaan en vast te houden aan waar ze in geloofde. Een gezond lichaam, een comeback.
Leontien springt uit het protocol en rent naar het publiek. Een jonge vrouw met wild blond haar roept haar naam. Leontien omhelst haar. Het is José, haar vriendin.
Iedereen die maar enigszins kan, is op het laatste moment naar Sydney gekomen om deze momenten met Leontien en Michael te delen.

Een halfuur later staan Harry en Martha ineens weer voor me. Harry's hartslag is weer uit de gevarenzone. Ze zijn zojuist naar de persconferentie van hun dochter geweest.
'Niet veel bijzonders, hoor. Maar wel leuk om erbij te zijn, natuurlijk,' kucht Harry. Door de regen heeft hij kou gevat.
'In Boekel zal het wel groot feest zijn? De hele familie zou samen in een café gaan kijken. Bierbrouwer Bavaria had dat gesponsord... zo van ze hebben het Heineken Holland House in Sydney, dan maken we bij ons in Brabant het Bavariahuis! Misschien kunnen we bellen?' lacht Harry. 'Alhoewel, het is daar nu midden in de nacht, hè?'
'Die slapen nog niet,' stelt Martha.
We staan nog geen honderd meter van de plek waar de finishlijn is getrokken, en waar Leontien een uur geleden werd gevierd. De weg is leeg, niet meer dan een troosteloze reep verregend asfalt. De voltrok-

ken heroïek huist in onze harten.
Nog altijd daalt de regen in grote hoeveelheden neer. Harry en Martha schuilen onder de paraplu.
'Wat is het nummer?' vraag ik, terwijl ik mijn gsm uit mijn jaszak haal. Martha somt een reeks getallen op.
'Ja, hallo! Hallo! Wie is daar? Wie? Oh, hallo! Met oma en opa! Hallo? Wie is daar? Onze Jan? Heb je het gezien? Mooi hè? Niet te filmen, hè? Nou ja, het wordt wel gefilmd... ja... Zijn Willem en Jacqueline er ook? Ja...'
Frank en ik nemen afstand. Hij filmt de twee verkleumde mensjes onder de grote paraplu op de uitgestorven straat in het Centennial Parc, waar eerder die dag hun dochter zich onsterfelijk maakte. Martha geeft de telefoon aan Harry.
'Ja, geweldig, hè? Ja, het is gewoon niet te geloven, hè? Ja, natuurlijk! Vanavond zitten wij in het Holland House!!'

© Frank Lodder

Sydney, 28 september 2000. Trots toont Leontien de gouden medaille van de wegwedstrijd. Vier dagen later voegt ze voor de derde keer olympisch goud toe aan haar collectie, door ook de tijdrit te winnen.

Vuurwerk boven Sydney. Frank en ik staan achter het Holland House opgesteld. Camera in de aanslag. Ieder moment kan Leontien ons passeren op weg naar de huldiging. Elke Nederlandse medaillewinnaar kan rekenen op een hartverwarmend onthaal door talloze oranjehemden. Opgehitst door vaderlandse meezingers en liters Heineken, joelt het publiek haar naam.

Daar loopt ze. Ze draagt een brede oranje hoed, een wit T-shirt waarop de eerste regels van het volkslied staan geschreven. Is ze zo mager? Of komt het door de vermoeidheid?

'Hé, Bassie!' roept ze. Trots laat ze mij haar medaille zien.

'Dus toch?'

'Ja, vraag niet hoe, maar het is gelukt, dankzij de meiden van de ploeg, hoor. We hebben fantastisch samengewerkt. Het is zo mooi. Ik reed zo in de armen van mijn ouders. Ik heb mijn vadertje in geen tijden zo blij gezien. Mijn moeder was ook zo gelukkig. God, die luitjes hebben wat met me meegemaakt, zeg!'

'Is dit net zo mooi als Valkenburg?'

'Ja, dat was natuurlijk dé comeback. Ik was jarenlang niet te zien geweest, zeker niet op het internationale niveau... daar liet ik zien dat ik weer kon fietsen, dat is een verhaal op zich. Maar deze medailles hier, ja, de hele wereldpers kijkt mee, en ik laat hier niet alleen zien dat ik weer supersterk ben, maar ook dat je op een gezonde manier topsport kan bedrijven, dat je je niet hoeft uit te hongeren om hard te kunnen fietsen, en dat er een weg terug is, zelfs na alles wat ik heb meegemaakt.'

Ze wordt geroepen.

'Hier is ze dan, Leontien Zijlaard-van Moorsel!!' klinkt het van de andere kant van het donkere gordijn. Leontien loopt het podium op. Frank volgt.

Honderden Nederlanders zingen mee met de muziek: 'We are the champions!'

Wanneer het volkslied wordt ingezet, pakt Leontien in haar enthousiasme de microfoon.

'Wilhelmus van Nassouwe,' krijst ze vals.

Het publiek reageert enthousiast en zingt uit volle borst mee. Harry en Martha staan boven op het balkon te zwaaien.

Na de huldiging vraagt Leontien ons mee naar het besloten gedeelte van het Holland House. In de Athletes Home is het rustig. Alleen sporters en hun familieleden mogen er komen. Even zijn we geen filmmakers, maar gewoon vrienden.

'Het bier is hier gratis, buiten niet!' lacht Harry. Met de gouden medaille om zijn hals, zit hij naast zijn dochter op de bank. Zijn arm heeft

hij om haar heen geslagen.
'God, wat een dag!' mijmert hij.
Michael komt binnen. Hij ziet er vermoeid uit.
'Hé, Zijltje!' roep ik.
We schudden elkaar de hand.
'Mooi, hè?' zegt hij, terwijl hij om zich heen kijkt.
'Doe toch eens rustig, jongen... Ga zitten!' zegt Leontien.
'Ja, zo...'
'Hij is altijd in de weer... pff, als je weet hoe vaak die telefoon gaat, niet normaal. Iedereen wil je spreken, voor interviews en zo. Het is natuurlijk ook wel leuk. De burgemeester van Rotterdam belde zelfs deze week.'
Michael ploft in een stoel. 'Dit had ik ook niet voor mogelijk gehouden. Als je dit een paar jaar geleden tegen me had gezegd, had ik je voor gek versleten. Ik denk er vaak aan terug, nou... Dit is zo mooi, na het goud op de achtervolging is ze verlost van alle verwachtingen. De buit was eigenlijk binnen, de enige medaille die op haar erelijst ontbrak, hing om d'r nekkie. Daarom fietst ze nu zo lekker rond.'
'Gisteren was ze toch niet fit?'
'Weet je het nu nog niet? Bij haar is er voor een grote koers altijd wel wat. Voor de achtervolging was het haar knie die zeer deed, gisteren een pijnlijke keel. Ze had wel erg vermoeide benen vanochtend aan de start, maar dat kunnen ook weer de zenuwen geweest zijn... Ik bedoel, de wegwedstrijd is toch de meest prestigieuze van alle onderdelen. De spanning wordt dan soms toch te veel en dat slaat dan op dat moment op de zwakste plek. Gisteren was dat dus haar keel. Maar ze is toch een kanjer?'
'Ja.'
'We moeten zo maar eens gaan, Tinus. Over een paar dagen is de tijdrit... daar moet je weer fit zijn.'
'Het is niet eerlijk, de meeste sporters zijn al klaar met hun Spelen en vieren alleen nog maar feest. Daarom gaan wij ook niet meer naar het olympisch dorp. We blijven in het hotel in de stad. Daar heb ik meer rust. In het olympisch dorp is het een gekkenhuis, één groot feest.'
Ze staan op. Michael geeft Leontien haar jas. Hij zorgt goed voor haar, maar is ook resoluut: 'We zijn hier niet alleen maar voor de gezelligheid, Tiesje. Er ligt misschien nog wel een medaille op je te wachten.'
'Dan vieren we zaterdagavond wel echt feest, als alles achter de rug is!' zegt Harry.
We nemen afscheid. Michael en Leontien laten zich naar het hotel brengen. Harry, Martha, Frank en ik duiken onder in de feestende massa.

In een lucht van bier en vette happen, zie ik Jan van Tol twisten met Martie van Diemen.
Martha raakt aan de praat met enkele bekende gezichten. Volstrekt onbekende, maar jeugdige vrouwen zoenen Harry om hem te feliciteren met zijn dochter. Harry, Frank en ik willen naar de bar beneden, maar op weg daar naartoe spreekt iemand ons aan. Een lange blonde man.
'Dag meneer Van Moorsel. Ik wil u van harte feliciteren met de geweldige prestaties van uw dochter. Ik ben diep onder de indruk. Wat een sterke vrouw!'
Als we doorlopen kijkt Harry me aan. 'Ja, ik ken hem wel ergens van, maar wie was dat ook al weer precies, toch geen zwemmer of zo?'
'Nee, man! Dat wordt je nieuwe koning, Willem Alexander!'
'Govver, man, ja, nu zie ik het pas, dat verwacht je toch niet, Jezus!'

De gouden medailles van Leontien zijn voor altijd verbonden met haar strijd tegen anorexia nervosa, met het zoeken naar balans en evenwicht, het gevecht met de stemmen in haar hoofd die haar hadden verdwaasd. Maar het goud is ook gekoppeld aan de periode waarin haar lichaam al het vet opsloeg, en Leontien werd uitgejouwd door het publiek. Ik moet er iedere keer weer aan denken als ik haar zie winnen. Nu helemaal. Een olympische medaille is voor een sporter het hoogst haalbare. De glans van het goud is als een sprankje hoop voor iedereen die aan anorexia lijdt.
We zijn in het hotel midden in Sydney. Twee dagen voor de tijdrit zijn Frank en ik met Harry en Martha een kopje thee gaan drinken op het geheime adres in de stad, het Southern Cross hotel. Ze zit voor me op haar hotelkamer. Haar lippen rood gestift, haar haren bijeen in een staart.
Voor het eerst zie ik een niet-opgeruimde kamer. Koffers staan nog open, alsof iemand er verwoed naar kleren heeft gezocht. Blikjes en glazen staan op de grond. Op tafel ligt de gouden medaille van de wegwedstrijd.
Leontien heeft laten zien dat ze een leven heeft na anorexia, dat ze de verdwazing de baas is, nog altijd. De internationale pers heeft haar en haar anorexiaverhaal ontdekt en hecht aan de overwinning van de eetstoornis minstens zo veel waarde als aan de medailles. In alle talen gaat haar levensverhaal de wereld over. Leontien inspireert iedereen die lijdt aan een vernietigende ziekte, om toch door te vechten.
'Ik heb vorig jaar een lezing gegeven aan een zaal vol artsen. Dat was één van de eerste keren dat ik echt openlijk mijn verhaal vertelde. Ik was heel nerveus, maar Michael sprak me moed in. Hij vond dat ik

maar moeilijk zat te doen en dat de mensen respect voor me hadden en dat ze benieuwd waren naar mijn ervaringen... Soms probeer ik ook wel mensen te helpen.
Eens in de zoveel tijd worden we wel eens opgebeld door radeloze ouders. Die hebben dan een dochter die zwaar anorexia heeft. Die weegt dan nog maar 30 kilo of zo, maar wil nog altijd niet eten. Dan bel ik met zo'n meisje en spreek ik haar moed in of ik schrijf. Heel soms ga ik langs. Laatst was ik ook bij iemand op bezoek. Ze wilde niet eten, ze mocht niet eten van zichzelf. Als excuus zei ze dat ze het eten in het ziekenhuis niet lekker vond. Wat? Noem maar op wat je wel lekker vindt, moet ik een frikadel voor je halen? Je moet eten, doe het, je kan het!'
'Ja, jij, jij hebt anorexia overwonnen, maar is dat voor iedereen weggelegd?'
'Ja, ik denk het wel. Begrijp me niet verkeerd, maar om níét te eten moet je enorm sterk zijn. Je hebt zo veel doorzettingsvermogen nodig om níét te eten. Je maag rammelt de hele dag, je hebt altijd een hongergevoel, je voelt je ellendig. Dezelfde kracht, datzelfde doorzettingsvermogen kan je ook gebruiken om weer wél te gaan eten.'
'Alleen die knop moet om.'
'Ja, en daar heb je hulp bij nodig, bijvoorbeeld van mensen waar je heel gevoelig voor bent, bij mij was dat Michael, zonder hem had ik het niet gekund, dan was ik nu waarschijnlijk een wrak geweest, die van kliniek naar kliniek ging, hij heeft me gered door bij me weg te gaan en me daarna altijd te steunen, en me voor ogen te houden wat het doel was, maar ja... er is maar één Michael.'

Zaterdagochtend dertig september. Mijn gsm gaat af. Mijn vrouw en zus bellen vanuit Nederland.
'Staan jullie al aan het parcours?'
'Ja, Tinus is net gestart, ze heeft na vijf kilometer al zestien seconden voorsprong op de rest. Ze gaat erg hard!'
Harry en Martha hebben hun vlag op dezelfde plaats gehangen als dinsdag. Opnieuw kijken we naar het grote scherm. De tijdrit is duidelijk minder spannend dan de wegrace.
Harry is zijn stem kwijt en staat naast me te hoesten. Hij heeft ernstig kou gevat en staat zwaar gedrogeerd aan het parcours. Soms breekt zijn lach even door de aspirine heen. Eergisteren in het hotel bij Leontien was hij nog redelijk fit.
Mijn laatste gesprek voor de film had ik in dat hotel.
'Hoe zie je je toekomst voor je?' vroeg ik.
'Ik wil in ieder geval nog een paar jaar fietsen. Ik kruip iedere dag nog met plezier op de fiets om te trainen en zolang ik dat heb, is het goed.

En ja, daarna wil ik toch een gezin met een paar van die "debberkes", maar of dat lukt?'
'Ben je daar bang voor?'
'Ja, best wel, ik heb toch een paar jaar heel gek gedaan met mijn lichaam. Op een gegeven moment was mijn hele hormoonhuishouding ontregeld, ik had de botten van een oud vrouwtje... Ik moet als ik dadelijk gestopt ben met fietsen, goed laten onderzoeken of het allemaal wel kan...'

'Moet je dat zien!' zegt Martha. Ze wijst naar het scherm. Alle ogen richten zich op Leontien die juist op dat moment een renster inhaalt die voor haar is gestart.
Een derde gouden medaille lijkt vanzelfsprekend, ook al had Leontien natuurlijk weer haar twijfel uitgesproken of ze het wel kon.
In precies 42 minuten legt ze de 32,2 kilometer af. De Amerikaanse Mari Holden en Jeannie Longo leggen 37 en 52 seconden toe. Goud!!
Zelfs Longo geeft toe dat wat Leontien heeft gepresteerd 'groots' is.
Direct na de huldiging rijden we terug naar ons logeeradres in Manly. Jack en Thea Lokkers verwelkomen ons. 'Gefeliciteerd! Wat geweldig... vier medailles!'
Harry zit rillend aan tafel.
'Ik ga naar bed, man... ik voel me toch beroerd. Misschien als ik efkes geslapen heb dat ik weer wat opknap. Het zou jammer zijn als ik het feest vanavond moest missen.'
Martha kijkt bezorgd naar haar man.
'Jij gaat vanavond niet, als jij je zo voelt, hoor!'
'Hmm,' bromt Harry zwakjes. Hij slentert de slaapkamer in. Martha dekt hem stevig toe: 'Ik blijf bij je, hoor.'

Het is al donker. Leontien en Michael komen samen met de dokter van de wielerploeg naar ons adres in Manly. Harry ligt nog altijd te bibberen in bed. Leontien is bezorgd om haar vader, maar ook teleurgesteld dat haar ouders niet bij het grote feest in het Holland House zullen zijn. Een halfuur blijft Leontien bij haar vader op de kamer: 'Jouw gezondheid is nu het allerbelangrijkste, pap.'
Krachteloos pakt Harry haar hand. De dokter constateert een longontsteking.
'Maar hoe moeten we dan naar Nederland?' vraagt Martha: 'We moeten morgen al om vijf uur ons nest uit om te vliegen!'
De dokter schudt zijn hoofd. 'Als de koorts niet daalt, gaat hij morgen niet de lucht in, hoor. Annuleer die vlucht maar. Hij kan misschien maandag met ons mee terugvliegen. De Nederlandse olympische

ploeg vliegt met een eigen charter…'
Harry kijkt versuft voor zich uit. Leontien legt haar hand op haar vaders arm en zegt zacht: 'We gaan echt niet zonder jou terug naar Boekel, hoor papa.'

Een uur later staan we weer in het Holland House. Leontien drinkt champagne en ook Michael ontlaadt. De sfeer is uitgelaten. Sporters laven zich aan het gelag. De microfonist roept Leontien weer het podium op.
Opnieuw laat ze zich toejuichen door de feestende massa. Heel even moet ik denken aan het uitgemergelde meisje op Alpe d'Huez, het publiek in Schijndel, dat haar uitschold voor dikke koe, dat zich afvroeg wat die Van Moorsel met haar dikke kont nog op de fiets moest.
Heel even flitste door mijn hoofd de ontlading in Valkenburg, onze reis naar Moskou, de zenuwslopende wegwedstrijd een paar dagen geleden.
Ze staat er, met vier medailles om haar nek.
Ze viert wat is overwonnen.
Koningin van Sydney.

Epiloog

Manchester, 12 september

Met gemengde gevoelens parkeren we onze auto op de parkeerplaats van Rotterdam Airport. Tegelijk met ons komt Ardie den Hoed, de prman van Farm Frites, aanrijden.
'Gaat het door?' vraagt mijn vrouw Ariane.
'Natuurlijk gaat het door,' antwoordt hij.
'Zo natuurlijk is dat niet toch?'
'Wat moeten we dan, alles stoppen? Er is gisteren ook gevoetbald, het WK-mountainbiken in Vail gaat ook door, moeten wij dan kappen?'
Hij gaat ons voor de terminal in. We ontmoeten Sissy van Alebeek, die vandaag de rol van reisleidster op zich genomen heeft. 'Hier moeten jullie inchecken!'
We wachten op het vertrek van de speciaal voor dit evenement geregelde charter naar Manchester. Mijn gevoelens zijn verdoofd. Verheug ik me op de strijd, de poging? Ik weet het niet. Mijn hele wezen wordt beheerst door de tragedie in New York.
In de vertrekhal ontmoeten we Joop en Ans Zijlaard. De familie uit Boekel komt met Easyjet uit Amsterdam! In totaal zullen bijna 150 supporters en sponsoren de oversteek naar de Engelse arbeidersstad maken. In de vertrekhal verdiepen de meeste zich vooral in de kranten met het laatste nieuws uit Amerika.

In de bus naar de wielerbaan in Manchester instrueert Sissy haar gasten, nadat ze volgens draaiboek de hoofdsponsor Eneco heeft bedankt. 'Leontien is behoorlijk zenuwachtig. Ze heeft liever niet dat iedereen van tevoren gedag gaat zeggen, na de poging is er voldoende tijd voor. Er mag in het velodroom niet gerookt worden, de bar is open en na afloop mag iedereen die dat wil zelf op de baan rijden.'
De meeste gesprekken in de bus gaan over New York.
Wat heeft Leontien ervan meegekregen? Wil ze zelf nog wel rijden? Kan ze het nu wel?
'Op een gegeven moment is ze daar niet meer mee bezig, dan laat ze het los. Als ze op de fiets stapt, zet ze alles uit en is het pffft... rijden!' zegt Ans Zijlaard.
Bij het velodroom wordt duidelijk dat Easyjet alle vluchten voor deze dag heeft geannuleerd, als gevolg van de aanslag op het World Trade Center.

Harry en Martha er niet bij? Dat kan niet! Elke trainingskoers staan ze aan de kant, en dan zouden ze dit moeten missen?

Enkele journalisten spreken Ardie aan. Even voel ik spanning. Gaat ze nu wel of niet rijden?

'Je kunt niet zomaar gaan rijden, toch?' begint de één. 'Zelfs het voetballen ligt eruit.' Zij hebben net gehoord dat de Champions League niet doorgaat.

Ardie kijkt de man even aan. 'En gisteren wel spelen, vandaag niet... dat is hypocriet. Er zijn zelfs spelers gedwongen te spelen... hier is er maar één die beslist of er gereden wordt en dat is Van Moorsel. Gisteravond hebben Michael Zijlaard en ik er nog contact over gehad... dat was om kwart over tien. We hebben er toen goed over gesproken. De UCI zegt achter ons te staan als we wel gaan rijden. Bovendien, wanneer moet je het dan wel doen? Morgen, overmorgen? Je doet het nooit goed. En je moet niet denken dat je deze baan maar zo kunt huren, hoor. De baan is altijd bezet en peperduur... We gaan rijden.'

Leontien heeft zich teruggetrokken aan de rand van de baan. Ik lees haar gezicht. Spanning, maar ook ontspanning. Heel even praten we over New York.

'Verschrikkelijk, hè? Al die mensen... niet te geloven. Het lijkt wel een film,' zegt ze.

Haar donkere ogen tonen bezorgdheid. 'Maar moet ik dan niet gaan rijden... uitstellen kunnen we niet betalen, hoor. Weet je wat dit allemaal kost? Wij hebben het budget er niet voor. En over twee weken is het WK op de baan al. Wanneer moet ik het dan doen? Aan de andere kant, als er bij een watersnood in Bangladesh dertigduizend mensen sterven, gaat hier ook alles gewoon door.

Net mijn moederke aan de lijn gehad... dat mensje stond daar aan de andere kant helemaal te huilen... Mijn paps en mams zijn helemaal overstuur dat ze dit moeten missen... Ze hebben in 1999 Treviso in Italië gemist, daar hebben ze zo'n spijt van... Ik zei tegen d'r, dat ze in gedachten toch bij me zijn... en dat dat ook telt. In New York zitten ouders om hele andere dingen te huilen.'

Ze kijkt van me vandaan. Een paar mannetjes van de UCI controleren de fiets waarop het allemaal moet gebeuren. Een dag eerder moest er nog een ander frame worden opgebouwd, omdat het originele was afgekeurd. De uitsparing in de staande buis is verboden. De buizen dienen perfect rond te zijn.

Ik geniet van het gestuntel van de officials. De baanfiets wordt gehangen aan een veerunster, die aan een basket hangt. De enige plek waar ze hier de fiets kunnen ophangen. Ook het verzet en de afmetingen van de fiets worden gemeten.

'Hiermee moet ze het doen!' lacht Sissy. Ze toont me drie cd's, Rene Froger, Starmaker en Heroes, de themamuziek van de Spelen in Sydney. De lievelingsmuziek van Tinus.

Het is halftwee. Over een halfuurtje zal ze starten.
De nervositeit stijgt. Michael Zijlaard checkt voor de zoveelste keer de tijdwaarneming en de blokjes onder in de baan. Zijn gezicht staat strak. Ik herken de uitdrukking op zijn gezicht van eerdere evenementen. Als iemand zegt dat het toch wel erg is dat Harry en Martha er niet bij zijn, ontspant 'Zijl' zijn gezicht. 'Als je vergelijkt met wat er gisteren is gebeurd, is niets meer erg.'
Leontien rijdt zich warm, het is zes minuten over halftwee. Ze duikt onder in haar lichaam en haalt een propje watten uit haar neus. Een paar minuten later stapt ze af van de rollerbank. Michael komt bij haar zitten, praat met Tinus. Zonder dat ik het kan verstaan, weet ik wat er wordt besproken. Zoals vaker spreekt hij haar moed in.
Uit de speakers schalt Froger: 'This is the moment...'

Korte tijd later meldt ze zich bij de startmachine. In plaats van direct op te stappen, vraagt ze om één minuut stilte voor de slachtoffers in New York. Een minuut lang is het doodstil in het velodroom.
Behalve naar Amerika reizen mijn gedachten terug in de tijd, naar de crematie van Tinus' trouwe mecanicien Jaap van der Wolf. Het was een van de zeldzame momenten dat je recht in het hart van Leontien keek. Ze richtte haar woorden aan Japie en zijn familie. Door haar tranen heen beloofde ze het werelduurrecord op te dragen aan Japie. Ze zou net zolang doorgaan totdat ze haar doel zou hebben gehaald. Ze had bij Jaap aan het sterfbed gezeten, samen met Michael. Ze moest hem beloven door te gaan met wielrennen zolang ze er plezier in had. Jaap is niet meer, toch voel ik zijn aanwezigheid.
Misschien komt het door de suppoost in het velodroom, dat ik aan Japie moet denken. Ik sta een paar meter van de grijze man in een geel sweatshirt. Vanaf hier lijkt hij sprekend op de ouwe, maar te vroeg overleden, mecanicien.
Het is zover. Tinus tilt haar billen in het zadel, snift haar neus schoon, en focust zich op de zwarte lijn die zich een uur lang voor haar uit zal afrollen. Er wordt afgeteld. Piep, Piep, Piiiieeep! En ze is weg. Venijnig zet ze aan. Vanaf de tribune klinkt een applaus.
De eerste ronde gaat in 18,9 seconden! Het ziet er goed uit. Als een leeuwin dendert ze af op haar prooi, zo lijkt het. Euforie sluipt bij me binnen.

Mijn blik valt op Michael. Hij buigt zich half over de baan. 'Kom op, ritme vinden! Ritme vinden!' De eerste vijf kilometer legt ze af in 6 minuten en 33 seconden, ruim tien tellen sneller dan aartsrivaal Jeannie Longo. Er klinkt gejuich van de harde kern van supporters. Ik herken de stemmen die Tinus aanmoedigen.
Leontien is bijna tien minuten onderweg. Op haar gelaat verschijnt een verbeten grimas. Michael zweept haar op: 'Kom op, draaien! Terug naar de rondjes 19!!!'
De rug van Leontien begint te werken, haar krachtige pedaalslag lijkt te vertragen. Mijn ogen vinden die van Michael. Het lijkt wel angst. Tinus vecht. Achteraf zegt ze dat ze niet wilde opgeven, voor haar fans en sponsoren, maar ook om eens te testen hoe het is om een uur vol te rijden.
Michael klapt zijn bordje om. Als een schaatscoach geeft hij de rondetijden door: '21 seconden??' Het lukt Leontien niet om haar bliksemstart waar te maken. Snel verliest ze tijd op het schema van Longo. De tribune is stil. Op enkele stemmen na. Dezelfde kelen als altijd schreeuwen zich hees.
'Herpakken! Vechten!' roept Zijlaard naar zijn vrouw. Bijna wanhopig richt hij zijn ogen naar boven, alsof hij op een wonder hoopt. Dan spreekt hij me aan: 'Bassie, haal Van der Wolf!'
Even sta ik stil. 'Michael Van der Wolf, bedoel je?'
De zoon van Jaap is nu ploegleider bij Farm Frites-Hartol. Ik ga naar hem toe en wijs hem op een hevig gebarende Michael Zijlaard.

Sissy verblijft boven in het velodroom. Ze is druk bezig met de muziek. Na Froger speelt ze Heroes. Even krijg ik kippenvel. De muziek werd op de crematie van Jaap gespeeld. Zal dit lied Tinus kracht geven? Of de gedachte aan Jaap? De herinneringen aan Sydney?
Ze is ruim 48 minuten onderweg als ze 35 kilometer heeft afgelegd. Longo had er destijds bijna 1 minuut 40 minder voor nodig.
De tijdwaarnemers kijken gelaten naar hun meters: 'Als ze dit volhoudt, komt ze uit op 44 nog wat... Heeft ze het Europees record...'
'Kom op, peddelen, peddelen,' roept Zijlaard. Met zijn wijs- en middelvinger geeft hij het ritme aan.
'Ze rijdt wel zwaar, zeg... Ik denk dat die 54x15 te veel is voor haar, niet?'
Een onbekende man met fototoestel kijkt bedenkelijk naar het beentempo van Leontien.
'Niet als je super bent, dan draait ze dat wel 100 keer per minuut rond, hoor!' verdedig ik.
Met nog een paar minuten te gaan weet Van Moorsel nog even te ver-

snellen. Een stuip van een doorzetter. Froger mag weer zingen: 'It's never easy, the road is long...'
De klok stopt op 43 kilometer en 475 meter.
Michael vangt haar op. Nog nooit heb ik Leontien zo kapot gezien.
'Het lijkt wel helemaal uitgescheurd!' jammert ze, doelend op haar kruis.
De verzorger trekt haar spieren uit de kramp. Camera's duiken over haar heen. Michael moet wijken voor de pers. Ik zie zijn vermoeidheid. In zijn ogen springen tranen. Wekenlange spanning en training komen los: 'Het bewijst toch wel dat Longo een hele goede renster is...'
Leontien moet verklaren. De NOS mag eerst. Goed dat de vrouwensport eindelijk Hilversum weer eens weet te bereiken. 'Het was verschrikkelijk, vanaf begin tot eind is het een gevecht geweest... Het ging niet. Gewoon geen superdag. En wil je het record halen, dan moet je super zijn. Ik heb de laatste weken genoten van de trainingen... Of het nu aan het verzet ligt, of de temperatuur, ik weet het niet. Het maakt me ook niet uit. Het is een goede test. Veel van geleerd.'
Michael wijst op de sponsornaam op zijn shirt: 'Ties! Ties!'
Ze begrijpt de boodschap: 'Ik ben Eneco erg dankbaar,' zegt ze. 'We moeten maar naar Mexico, om het daar te proberen. Hier in Manchester stuurde Longo al na twintig minuten omhoog en daar in Mexico haalde ze het. Dat moet ik ook kunnen... Dus...'

Ik betrap me erop dat ik het ergens niet erg vind dat deze poging strandt op twee kilometer van het record. Behalve dat mijn hart de hele dag al niet staat naar juichen en feesten, is het goed om te ervaren dat niets vanzelfsprekend is. De wereld heeft een dag eerder zwaar verloren, dat vreet aan iedereen. Ook aan kampioenen. De Koningin van Sydney mag verliezen. Ze heeft laten zien dat ze geen machine is die alles maar wint. In een uur is de onoverwinnelijke voor iedereen weer mens geworden.

Dankwoord

Ik wil deze mensen bedanken voor hun inspiratie en hulp bij het maken van de film en dit boek over Leontien.

Leontien en Michael Zijlaard, Harry en Martha van Moorsel, Joop en Ans Zijlaard, Jaap van der Wolf (†), Ariane Steman-Greep, Frank Lodder, Paul de Jong (Buis), Ivanka Bouma, Thomas Ruigrok, Mat van Hensbergen, Marck Feller, Kees Tukker, AVRO, Jan Leenaars, Thea en Jack Lokkers, Ben Hakstege, Jan de Jong, Koga Miyata, Hanneke Meijwaard, Henk Holterman, Herman Harens, Wielerrevue en Cor Vos.

Bas Steman

Beknopt palmares van Leontien Zijlaard-van Moorsel (22 maart 1970)

1978	Leontien begint met wielrennen.
	Ze sluit zich aan bij wielervereniging Buitenlust.
1985	Nederlands kampioen op de weg (Warns)
1986	Nederlands kampioen op de weg (Munstergeleen)
1987	Nederlands kampioen op de weg (Steenwijk)
1989	1e proloog postgiro Ronde van Noorwegen,
	1e in het jongerenklassement, 10e in eindklassement
	Nederlands kampioen op de weg (Rheden)
	31e Tour Féminin
1990	Nederlands kampioen op de weg (Meerssen)
	Nederlands kampioen sprint
	Nederlands kampioen achtervolging
	Nederlands kampioen puntenkoers
	Wereldkampioen achtervolging (Maebashi)
	Wereldkampioen ploegentijdrit (Utsunomya)
	(met Knol, Westland en Schop)
	2e Tour Féminin
	1e puntenklassement Tour Féminin
1991	Nederlands kampioen achtervolging
	Wereldkampioen op de weg (Stuttgart)
	2e Tour Féminin EEG (+ 6 etappes)
	1e berg-, punten- en jongerenklassement Tour Féminin EEG
1992	Nederlands kampioen op de weg (Meerssen)
	Nederlands kampioen achtervolging

	23e olympische wegwedstrijd (Barcelona)
	8e olympische achtervolging (Barcelona)
	1e eindklassement Tour Cycliste Féminin (+ 3 etappes)
	1e punten- en bergklassement Tour Cycliste Féminin
	1e eindklassement Tour Féminin EEG (+ 3 etappes)
	1e bergklassement Tour Féminin EEG
1993	Nederlands kampioen op de weg (Meerssen)
	1e eindklassement Tour Cycliste Féminin
	1e punten- en bergklassement Tour Cycliste Féminin
	Wereldkampioen op de weg (Oslo)
	2e Tour Féminin EEG (+ 5 etappes)
	1e punten- en bergklassement Tour Féminin EEG
	1e wereldranglijst
1994	Leontien stapt af in de derde etappe van de AMEV Ladies Trophee.
1995	Geen uitslagen
1996	Rentree in de wielersport met eigen ploeg VKS
1997	1e Ronde van Breezand
	(eerste overwinning na periode van inactiviteit)
	Districtskampioen Regio West
	Nederlands kampioen achtervolging
	Nederlands kampioen tijdrijden (Zaltbommel)
1998	Nederlands kampioen op de weg (Meerssen)
	Nederlands kampioen achtervolging
	Nederlands kampioen puntenkoers
	Nederlands kampioen tijdrijden
	2e wereldkampioenschap achtervolging (Bordeaux)
	2e Holland Ladies Tour
	Wereldkampioen tijdrijden (Valkenburg)
	2e Wereldkampioenschap op de weg (Valkenburg)
1999	Nederlands kampioen op de weg (Gulpen)
	Nederlands kampioen baanomnium
	Nederlands kampioen tijdrijden (Markelo)
	1e eindklassement Holland Ladies Tour
	Wereldkampioen tijdrijden (Treviso)
2000	1e wereldbekerwedstrijd achtervolging (Moskou)
	Nederlands kampioen achtervolging
	Nederlands kampioen puntenkoers
	Nederlands kampioen tijdrijden (Zaltbommel)
	Olympisch kampioen achtervolging (Sydney)
	Olympisch kampioen tijdrijden (Sydney)
	Olympisch kampioen op de weg (Sydney)
	2e Olympische Spelen puntenkoers (Sydney)
2001	Nederlands kampioen achtervolging
	Nederlands kampioen puntenkoers
	Wereldkampioen achtervolging (Antwerpen)

Leontien won in haar carrière talloze criteriums, klassiekers en etappes over de hele wereld.